ひとり旅って、こんなに楽しい！
ソロタビ
solotabi

名古屋

JN002828

ひとり旅って、こんなに楽しい! ソロタビ 名古屋 Contents

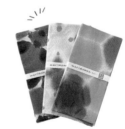

マークの見方

- ● カウンター…カウンター席の有無
- ☎ 電話番号
- 住 住所
- 交 交通
- 料 料金
- 時 開館時間、営業時間
- 休 休み

MAP記号の見方

- H 宿泊施設
- ● レストラン・カフェ
- ● ショップ
- ● 観光スポット
- ● ナイトスポット

楽しい10のこと!

ソロタビだからこそ楽しめる、名古屋のトピックを厳選。ひとりだから旅のプランは自由気まま。グルメも観光もじっくり味わえば、新たな魅力に気づく旅になること間違いなし!

1 マスコット・ぶーちゃんが椅子の背にも **2** カウンター頭上には店の歴史が **3** オリジナルグッズ(→P83)も販売

豆味噌仕込みの秘伝のたれがたっぷりかかったみそかつを

矢場とん 矢場町本店
やばとん やばちょうほんてん

☎ 052-252-8810
MAP P124B1

矢場町

昭和22年(1947)創業、みそかつを名古屋名物に育て上げた店。秘伝のみそだれは1年半熟成させた愛知県産の豆味噌を使う。深いコクと甘みがあり、さらりとした口当たりで食べやすい。一番人気は食べごたえ満点のわらじとんかつ。

DATA ⊕ 名古屋市中区大須3-6-18 ⊗ 地下鉄名城線矢場町駅4番出口から徒歩5分 ⊕ 11〜21時 ⊛ 無休

Enjoy Nagoya **1**

がっつりメニューもひとりだから心置きなく楽しめる!

これぞ! なごやめし
味噌カツ食べ比べ

濃厚な見た目とは裏腹に意外とあっさり味わえる味噌ダレ。ご飯にもビールにも合う、まさに名古屋グルメの王道。ひとりだからこそがっつり食べるのも◎。

味噌ダレは店ごとに異なる秘伝のタレだよ

It's delicious

わらじとんかつ1400円 ご飯・味噌汁付きの定食は1800円

通常サイズのロースかつ定食の約2倍の大きさだが、みそだれの軽さと、さっくり揚げたとんかつの組み合わせで女性でもペロリと完食!

ロース串かつ5本800円

矢場とんのみそかつ誕生のルーツでもある串かつ。みそだれがしみしみで、お酒のアテとしてもばっちり

ひとりだから

**元祖味噌カツ丼
1400円**

厚さ約2cmの分厚いカツを
最初はそのまま、途中で卵
を崩して食べれば、美味の
波が2度襲来

**味噌えび丼
1720円**

まるでしゃちほこのよう！
クルマエビを2尾使用

カツの厚さに驚愕！
ジューシーな味噌カツ
味処 叶 `栄`
あじどころ かのう

☎ 052-241-3471
MAP P120C3

十二代目市川團十郎も足
繁く通った路地裏の名店

昭和24年（1949）創業、味噌カツを一躍有名にし
た初代の思いを受け継ぐ店。じっくり揚げたトンカツ
と、継ぎ足しで作るまろやかつさっぱりした味噌ダ
レの絶妙なバランスが見事。**DATA** 住名古屋市
中区栄3-4-110 交地下鉄東山線・名城線栄駅8
番出口から徒歩3分 営11～14時LO、17～20
時LO（売り切れ次第閉店）休月曜、毎月10日以
降の最初の火曜

こってりに見えて
実はあっさり軽やかな味噌カツ
とんかつ とん八 `鶴舞`
とんかつ とんぱち

☎ 052-331-1053
MAP P117B3

17席の店内。昼どき
は行列覚悟で来店を

ドロリとした味噌ダレの見た目のインパクトは圧巻。しかし、
食べると意外とさらりとして、まろやかなうま味や甘みが舌に
広がる。国産豚を揚げたカツも肉厚＆美味。**DATA** 住
名古屋市中区千代田3-17-15 交地下鉄鶴舞線鶴舞駅
6番出口から徒歩5分 営11時～13時45分、17時～
20時20分（祝日11時～13時45分のみ営業）休日曜

スタイリッシュな内装の店内

ネギの食感と辛みで味噌のうま味が引き立つ

黒豚屋 らむちぃ `栄`
くろぶたや らむちぃ

☎ 052-241-1664
MAP P120C3

ネギ山を掘り進めてようやくカツが顔を出す、と
いうほど大量のネギがどっさり。濃い目のタレが
絡んだ味噌カツを辛みでさっぱりさせたり、味わ
いを倍増させたりと大活躍だ。**DATA** 住名古
屋市中区栄3-15-6 栄STビル地下1階 交地
下鉄東山線・名城線栄駅16番出口から徒歩
3分 営11～15時、17時30分～22時LO
休無休（臨時休業あり）

**豚の角煮味噌仕立て
590円**

6時間煮込んだ味噌
ダレで、さらにトロ
トロになるまで煮
込んだ自慢の一品

**味噌かつ定食
（ご飯・赤だし付）
小1600円**

定食はご飯、キャベツ、
赤だしのおかわりOK。
大1800円もある

**味噌とんかつ定食
（ご飯・味噌汁・漬物付）
1550円**

見た目のインパクトとは異なり、
深い味わいだけを残してサッと
消えるタレの軽さが特徴

食べごたえ抜群! 名古屋の名物麺料理を味わう

味噌煮込みうどん&きしめん

独自の食文化を進化させてきた名古屋では、うどんもユニーク。しっかりコシのある麺をはじめ、ツユや作り方、食べ方まで独創的な2大麺をぜひ堪能しよう。

打ち立てのモチモチ手打ち麺が味噌と相性抜群

山本屋本店 広小路伏見店
やまもとやほんてん ひろこうじふしみてん

伏見

☎ 052-222-0253
MAP P121A2

明治40年(1907)創業の名古屋市内に11店舗を構える人気チェーン。創業時から続ける手打ち麺と丁寧に作る伝統的な味わいのツユで、多彩なうどんメニューを提供する。一品メニューも豊富で呑みながらの食事もおすすめだ。**DATA** 🏠 名古屋市中区錦1-18-22名古屋ATビル1階 🚇 地下鉄東山線・鶴舞線伏見駅8番出口から徒歩3分 🕐 11~22時(21時30分LO) 🈳 無休

エスカ店や栄中央店もある

═ 2つの「山本屋」が有名 ═

味噌煮込みうどん

豆味噌にダシを加えたツユでうどんを生の状態から煮込む。麺はコシが強く、濃厚なツユはご飯との相性も抜群。

手打ち麺ならではの弾力が自慢。うま味の深いだしを吸ってもっちり

味噌煮込みうどん
1078円
※~15時は968円

熟成味噌のパンチを残しつつも万人向けに調整。辛み、甘み、コクのバランスが絶妙だ

酸味、渋み、苦みのバランスのよさは、カクキュー八丁味噌ならでは

栄の中心地に位置。テーブルと座敷がある

濃厚な味噌ツユ&極太麺が絶品

山本屋総本家 本家
やまもとやそうほんけ ほんけ

栄

☎ 052-241-5617
MAP P121B3

大正14年(1925)創業。愛知県岡崎産のカクキュー八丁味噌とコシのある麺で、「これこそ味噌煮込みうどん」という味を提供。また、太い箸や巨大な入れ物などで名古屋旅を実感させてくれる名物店だ。**DATA** 🏠 名古屋市中区栄3-12-19 🚇 地下鉄名城線矢場町駅6番出口から徒歩7分 🕐 11~15時LO、17~21時LO(土・日曜、祝日11~21時LO) 🈳 火・水曜

親子煮込みうどん
1709円

名古屋コーチンの肉と生卵が入る人気メニュー。ツユのコク深さと麺のコシは衝撃的!

大正10年（1921）創業の老舗

> ほんのりと甘さを感じるツユの醤油は具によって使い分けるこだわり

えびおろし
1490円

揚げたてで衣が弾けるようなクルマエビの天ぷらをのせた名物メニュー。「冷や」なので最後まで手打ち麺らしいコシの強さを楽しめる

跳ね返すような弾力とコシが魅力

川井屋
かわいや　`高岳`

☎ 052-931-0474
MAP P122C3

うどんかと思うようなコシの強さは、気候や気温などに合わせて塩や水加減を変える生地を手ごね・手延・手切りする純手打ち製法から。その麺のおいしさは「冷や」だとよりはっきり！ **DATA** 🏠 名古屋市東区飯田町31 🚇 地下鉄桜通線高岳駅1番出口から徒歩15分 🕐 11〜14時、17時〜19時20分LO（麺がなくなり次第終了） 🈺 日曜、祝日

＼＼ なごやめしの最古参とも ／／
きしめん

うどんを一反木綿のように平たくした麺で喉ごしのよさが特徴。歴史は古く、江戸時代に作られたものが元祖。

60年以上も地元の人に愛されている食堂

持ち上げるのが楽しいほどの幅広麺

芳乃家
よしのや　`桜山`

☎ 052-841-6884
MAP P117B4

インパクトの大きい幅広麺で知られる店だが、この幅広麺を風味とコシを損なわずにおいしく手打ちし、ゆで上げるのはさすがの職人技。モッチリとした食感を存分に楽しもう。 **DATA** 🏠 名古屋市昭和区桜山町2-38-1 🚇 地下鉄桜通線桜山駅8番出口から徒歩5分 🕐 11時30分〜14時、17時30分〜20時（麺がなくなり次第終了） 🈺 月曜

> 麺の風味が口いっぱいに広がる、きしめん界きっての幅広麺！

きしめん
600円

幅広で厚みもある麺が、魚介系の濃い赤ツユをたっぷりまとった満足感の大きい一品。幅広ならではの食感をしっかり堪能できる

60年以上も愛されている食堂

きしめん
800円

さっぱりとしたツユが麺のつるつるの食感を際立たせている。透けるような薄さながら箸で持ち上げても切れない弾力の強さはさすが手打ち！

> 高濃度の塩水で手ごねした強いコシのある麺で食べごたえ○

なめらかなのに口の中で弾けるコシ

総本家えびすや本店 栄店
そうほんけえびすやほんてん さかえてん　`栄`

☎ 052-961-3412
MAP P121B2

江戸時代の技法を守る老舗の麺処。東海地方の小麦粉で作る生地を熟成させた麺は、コシが強く口の中で踊る、手打ちちならではの食感だ。夜遅くまで営業しているのもありがたい。 **DATA** 🏠 名古屋市中区錦3-20-7 🚇 地下鉄東山線・名城線栄駅1番出口から徒歩7分 🕐 11時〜午前1時（土曜、祝日は〜21時） 🈺 日曜

3

一品で3度おいしいごちそうなごやめし

ひつまぶしを自分へのご褒美に

1膳目はそのまま、2膳目は薬味と一緒に、3膳目はお茶漬けにと、一品で3度おいしいひつまぶし。ウナギの生産量が全国2位の愛知では全国的に有名な名店も多い。

"ひつまぶし"の
あつた蓬莱軒の
登録商標

神宮店は熱田神宮のすぐ南にある

1階、2階ともにテーブル席約120席

ひつまぶし(吸い物・香の物付)
3990円
タレや焼き方はもちろん、ご飯専門の職人がいるほどすべての味にこだわっている。びっしりとのせられたウナギの香りにうっとり

Taste of tradition

ひつまぶしの正しい食べ方

①お櫃のご飯をしゃもじで4等分に

②1膳目はそのまま、タレの味を楽しむ

③2膳目はネギなど、薬味と一緒に

④3膳目はお茶漬け。最後はお好みで

名古屋ひつまぶしの代名詞
熱田神宮そばの老舗名店へ

あつた蓬莱軒 神宮店

あつたほうらいけん じんぐうてん

☎ 052-682-5598

熱田神宮周辺

MAP P115A3

明治6年(1873)創業、今や全国区の知名度を誇るひつまぶしの名店。毎朝届くウナギをさばき、熟練の職人が紀州備長炭で外はサクッと香ばしく、中はふっくら焼き上げる。まろやかでコクのある秘伝のタレは、創業時より継ぎ足し使う。

DATA ▶ 住 名古屋市熱田区神宮2-10-26 交 地下鉄名城線伝馬町駅1番出口から徒歩3分 時 11時30分〜14時30分LO、16時30分〜20時30分LO 休 火曜、第2・4月曜(祝日の場合は営業)

上おひつまぶし(肝吸い付)
3700円
井戸水に泳がせ臭みを抜いてから強火の備長炭でカリッと焼き上げる。濃いタレなので、茶漬けまで食べごたえあり

ひつまぶし(吸い物付) 4840円
あっさりしたタレなので、ウナギのおいしさが前面に押し寄せる！お茶漬けにするのが惜しい番ばしさ

食通も大絶賛の最高級の青うなぎを使用
炭焼 うな富士
すみやき うなふじ
鶴舞
☎ 052-881-0067
MAP P117B4

肉厚で身のうま味をしっかり堪能できる「青うなぎ」を使用。そのおいしさを最大限に引き出す焼き方も見事で、口の肥えた客が「ここのウナギが一番」と絶賛するのにも納得。DATA ⊕名古屋市昭和区白金1-1-4 ⊗地下鉄鶴舞線鶴舞駅6番出口から徒歩10分 ⊕11〜14時LO、17〜20時LO ⊛水曜、第1・3火曜

テレビでも話題の行列店。冬には店先にテントが建てられることも

濃い目のタレをたっぷりまとったウナギ
鰻 木屋
うなぎ きや
名古屋城周辺

☎ 052-951-8781
MAP P123B3

江戸時代後期に創業した老舗。ウナギは国産を厳選し、井戸水で臭みを抜いて使用する。炭は紀州備長炭、ご飯はブランド米を釜焚きするこだわりよう。知多産のたまり醤油を用いたコクのあるタレも特徴。DATA ⊕名古屋市東区東外堀町11 ⊗地下鉄名城線市役所駅2番出口から徒歩5分 ⊕11時〜13時30分 ⊛日曜、祝日

テーブル席や座敷で、ゆっくり食事を楽しめる

明治42年(1909)創業。親子三代で通う常連も

櫃まぶし 3250円
あっさり目のタレとお茶漬けに煎茶を使うスッキリした味わいのせいか、ボリュームの多さのわりにスッと収まる

上品な味わいで飽きずに食べられる
いば昇
いばしょう
栄
☎ 052-951-1166
MAP P120C2

櫃まぶしの発祥店のひとつに挙げられる。櫃まぶしは炭火で焼き上げ刻んだウナギが、ご飯の上にぎっしり。甘さ控えめのタレがウナギの味を引き立てる。3膳目のお茶漬けは、煎茶でさっぱり食べるのがいば昇流。DATA ⊕名古屋市中区錦3-13-22 ⊗地下鉄東山線・名城線栄駅1番出口からすぐ ⊕11時〜14時30分LO、16〜20時LO ⊛日曜、第2・3月曜

4

地元の人にも愛される名古屋のソウルフード

個性派なごやめしに挑戦

つまみに最適な有名グルメから見た目のインパクト抜群のエビグルメなど、地元で愛されるなごやめしはたくさんある。
居酒屋系はひとりではちょっと入りづらいかもしれないが、勇気を出して挑戦してみる価値あり。

個性派なごやめし
手羽先
名古屋の手羽先は下味をつけて低温・高温の油で2度素揚げし、各店自慢のタレやスパイスで調理したものを指す。

Good with Beer

毎夜、144席がほぼ満員になるので予約がベター

全国的にも超有名な手羽先はこしょうの辛さが絶品
世界の山ちゃん 本店
せかいのやまちゃん ほんてん

☎ 052-242-1342　　栄
MAP P120D3

どのテーブルにも次々に山盛りに注文した幻の手羽先が運ばれる、名古屋だけでなく全国的に手羽先の店として人気の居酒屋。手羽先サミットでは殿堂入りを達成し、そのウマさはお墨付き！**DATA** ⊕名古屋市中区栄4-9-6 ⊗地下鉄東山線・名城線栄駅13番出口から徒歩5分 ⊕17時30分～23時55分LO(日曜、祝日17時～22時30分LO) ⊛無休

幻の手羽先
1人前5本528円

そのおいしさから、幻のようになくなることが名前の由来である幻の手羽先。テイクアウトも可能。写真は5人前

パリッとライトな食感の皮にするため揚げ方も工夫している

テーブル席、個室など250席ある広い店内

半世紀以上人々をトリコにする手羽先の元祖
風来坊 錦店
ふうらいぼう にしきてん　　栄

☎ 052-961-3367
MAP P120C2

手羽先には一家言ある名古屋の人にもファンの多い人気店。揚げ方はもちろん、塩こしょうの振り方も会得した専門の料理人が作る手羽先は、皿の上から瞬時になくなるおいしさだ。**DATA** ⊕名古屋市中区錦3-18-12 MINEX88 3階 ⊗地下鉄東山線・名城線栄駅1番出口から徒歩2分 ⊕17～24時 ⊛不定休

元祖手羽先唐揚げ
1人前5本540円

カリッと揚げた皮とジューシーな身、そして何より甘辛いタレの三重奏でやみつきになる味。写真は6人前

手羽ギョーザ3個
626円もおすすめ

MAP P121B3

50年以上愛されている
オリジナルあんかけスパ

スパゲッティハウス・ヨコイ 住吉店
すぱげってぃはうす・よこい すみよしてん

☎ 052-241-5571
MAP P121B3 **栄**

昭和の雰囲気が漂う
カントリー調の店内

ミラカン
970円
赤ウインナー、ベーコン、ピーマン、玉ネギをトッピングした一番人気のメニュー

昭和30年代にあんかけスパを考案した店。エビフライ、ハンバーグ、ピカタなど約20種のトッピングがあり、充実したメニューもオリジナルならでは。**DATA** 🏠名古屋市中区栄3-10-11 サントウビル2階 ❌地下鉄東山線・名城線栄駅8番出口から徒歩5分 🕐11時～14時45分LO、17時～20時35分LO（日曜、祝日は昼のみ営業）※ソースがなくなり次第終了 🈲無休

個性派なごやめし
あんかけスパ
「ヨコイ」が考案した、極太パスタにこしょうが利いたミートソースを絡めるご当地スパ。トッピングもさまざま。

ミラネーズ 870 円。赤ウインナー、ハム、ベーコンなどがのりボリューム満点

プリプリの天然ものを使用
長すぎる！えびふりゃー

海老どて食堂
えびどてしょくどう

名古屋駅周辺

☎ 052-459-5517
MAP P119A3

エビのどて焼きや、エビの天丼などエビグルメを豊富に扱う食事処。自慢のえびふりゃーは名古屋人もビックリするほど大ぶり。ハサミで切って食べる楽しみも一緒にがっつり味わいたい。**DATA** 🏠名古屋市中村区椿町6-9 エスカ地下街 ❌名古屋駅太閤通口からすぐ🕐11～22時（21時LO）🈲エスカに準じる

席の頭上には大きな
エビフライが舞う！

個性派なごやめし
えびふりゃー
タモリさんが「えびふりゃー」と言ったことで、全国的に認知。愛知県はエビの漁獲量が高く、質がいいのも特徴。

特大海老ふりゃ～
単品2398円
使用するのはなんと天然エビ！ゆで卵を自分で潰して作るタルタルを付けて味わおう

個性派なごやめし
天むす
元は三重県津市の天ぷら店「千寿」のまかない料理として誕生。のれん分けで名古屋にオープンした店から口コミで広がった。

何個でも食べられるほどやみつきに！
エビ天入りの塩むすび

めいふつ天むす 千寿 本店
めいふつてんむす せんじゅ ほんてん

☎ 052-262-0466
MAP P124B2 **大須**

発祥店の味を継承する天むす専門店。冷めてもおいしいが、12～14時のみいただける握りたてもぜひ。テイクアウトが基本だが、イートインスペースもある。**DATA** 🏠名古屋市中区大須4-10-82❌地下鉄名城線・鶴舞線上前津駅12番出口から徒歩3分🕐8時30分～18時（売り切れ次第終了、イートイン12～14時）🈲火・水曜

店内にはイートイン用のテーブルが２卓ある

天むす
5個756円～
口の中でほどけるご飯の握り具合とエビのプリプリ食感が◎

5 ピリ辛好きも大満足!
台湾グルメ

開店前から行列ができ、深夜まで満席。今池きっての大人気店

刺激的な辛さで、ハマる人が後を絶たない名古屋のソウルフード、台湾ラーメン。その刺激的なピリ辛ミンチを用いた、新進気鋭のアレンジグルメも要チェックだ。辛いもの好きはぜひ体験を。

1階と2階にそれぞれ円卓が。円卓を囲めば料理もよりおいしく感じる

台湾ラーメン
660円

ひき肉と唐辛子がドカッと盛られる。辛さ控えめの「アメリカン」、もっと辛い「イタリアン」も選べる

Spicy!!

無料の昆布酢やキムチなどで味の変化を楽しもう。炙りトロ肉やチキンカツなどのトッピングもおすすめ

辛いけどとまらない! 絶品ミンチのうま味全開スープ

中国台湾料理 味仙 今池本店

ちゅうごくたいわんりょうり みせん いまいけほんてん

今池

☎ 052-733-7670　**MAP** P124A4

台湾ラーメン発祥の店。台湾出身の初代店主が「担仔(タンツー)麺」をアレンジして作ったというラーメンで、唐辛子と炒めたひき肉やニラが鶏ガラスープにどっさり。麺をすすり、スープを飲めばしびれるほどの辛さがたまらない。　**DATA** 住名古屋市千種区今池1-12-10 交地下鉄東山線・桜通線今池駅9番出口から徒歩3分 営17時30分〜午前1時30分LO 休無休

■1 青菜炒め715円はほとんどの人が必ず頼むというスピードメニュー ■2 ピリ辛の豚の唐揚げに付け合わせの酢漬キュウリが絶妙な酢豚1210円

汁なしバージョンの台湾ラーメン
台湾ミンチのうま辛をダイレクトに

麺屋はなび 高畑本店

めんやはなび たかばたほんてん

☎ 052-354-1119 　高畑

MAP P115A3

台湾まぜそばを考案した元祖の店。台湾まぜそばとは、唐辛子とにんにくを利かせた醤油味のピリ辛ミンチを、全粒粉の極太麺にのせた汁なし麺。刻んだニラ、ネギ、魚粉、卵黄などと混ぜて食べれば、独特の辛さが舌をダイレクトに刺激する！ **DATA** 住名古屋市中川区高畑1-170 交地下鉄東山線高畑駅3番出口から徒歩5分 時11時30分〜14時（土・日曜11時〜14時30分）、18時〜21時30分 休月曜、第1・3火曜

カウンター席が並びひとりでも入りやすい

台湾まぜそば
870円

卵黄、ニラ、ネギ、海苔が味に深みを与える。追い飯で最後まで完食を

出汁の風味が豊かな
台湾ラーメン770円
もおすすめ

おみやげにおすすめの台湾グルメ

家でも名古屋の台湾グルメを味わえるカップ麺や袋麺はおみやげにもおすすめ。名古屋駅で購入できるのも魅力。

台湾ラーメン
810円

味仙の台湾ラーメンの味をそのまま楽しめる。
2食入り1250円
販売場所：グランドキヨスク名古屋（P37）など

寿がきやの台湾ラーメン
カップ麺208円

たっぷり入った肉ミンチのコクと、唐辛子の辛さが利いたスープがクセになる。袋入162円も
販売場所：東急ハンズ名古屋店（P83）など

入口の券売機でチケットを購入してから席へ

煮込みカレーとミンチの相性抜群
辛さ×辛さのパンチの利いたメニュー

元祖 台湾カレー 千種店

がんそ たいわんかれー ちくさてん

☎ 052-731-3633 　千種

MAP P122D4

台湾まぜそば発祥の「麺屋はなび」がプロデュース。名物の台湾カレーは、ピリ辛ミンチと野菜ベースのマイルドなルウのコンビが特徴。まずはルウをひと口、次にミンチを、最後は卵黄とネギを混ぜ合わせて食べよう。 **DATA** 住名古屋市千種区今池1-2-3 交地下鉄東山線千種駅3番出口からすぐ 時11〜15時、18時〜21時50分LO 休無休

台湾カレー（並盛）
820円

おひとりさま初心者にぴったり

名古屋の喫茶文化を満喫

数千店もあるといわれる名古屋の喫茶店。熾烈な競争から独自の発展を遂げ、ユニークなメニューやサービスも豊富。ひとりでも入りやすいのでお得なモーニングはもちろん、ランチにもおすすめだ。

Good morning!

モーニング DATA
【提供時間】8 〜 18 時
（日曜、祝日は除く）
【料金】コーヒーの場合 430 円
【内容】6 種から選択

モーニング

喫茶店で飲み物を注文すると、トーストやゆで卵などのおまけが無料（一部有料）で付く名古屋ならではのサービス。

昼も夜も"モーニング"な有名店
モーニング喫茶 リヨン
もーにんぐきっさりよん

☎ 052-551-3865
MAP P119B4　　名古屋駅周辺

終日モーニングという型破りなサービスで有名。サービスのプレスサンドは小倉あんや野菜サラダなど全6種から選択できる。サンドは注文後に焼き上げるためホカホカなのもうれしい。
DATA ▶ 名古屋市中村区名駅南1-24-30三井ビル本館地下1階 🚃名古屋駅桜通口から徒歩5分 🕐8〜18時 🈺不定休

■1平日の朝には行列ができることもあるとか。カウンター席もある ■2一番人気は名古屋らしい小倉あんプレスサンド ■3野菜サラダプレスサンドはヘルシーで女子にもうれしい

女子大満足のフルーツモーニング
トップフルーツ 八百文
とっぷふるーつ やおぶん

☎ 052-852-0725　　桜山
MAP P116C4

旬のフルーツやジャムトーストといった、フルーツパーラーならではの朝食が話題。ドリンクは、オレンジなどの定番からメロンなどの高級品まで常時30種以上を取り揃える。フルーツジュース638円〜をぜひ。**DATA** ▶ 🏠名古屋市瑞穂区汐路町1-5 🚃地下鉄桜通線桜山駅4番出口から徒歩7分 🕐9〜16時LO 🈺無休（臨時休業あり）

モーニング DATA
【提供時間】9 〜 10 時
（祝日除く月〜金曜）※席は 30 分制
【料金】フルーツスムージーの場合638 円
【内容】フルーツ約 7 種、ゆで卵、トースト半分

■1旬のフルーツをたっぷり味わえる ■2店内は果物でいっぱい。奥にカフェスペースがある

朝から味わえる鉄板なごやめし

キャラバン
きゃらばん

高岳 ❋

☎ 052-931-3898　**MAP** P122C3

鉄板スパゲティの名店が、なんとモーニングも鉄板で提供！ なごやめし文化のひとつ、鉄板料理が朝から食べられるという貴重な体験ができる。モーニングはメニュー表にないので、気さくな店長に注文しよう。**DATA** ❸名古屋市東区泉2-3-22 ❷地下鉄桜通線高岳駅1番出口から徒歩7分 ❸7時30分〜20時30分LO ❹火曜不定休

朝食には十分すぎるボリュームなのでブランチにもおすすめだ

┌─────────────────────────┐
モーニング DATA
【提供時間】7時30分〜10時30分
【料金】コーヒーの場合は418円
【内容】焼きうどん（焼きそばと交互に日替わり）、目玉焼、トースト半分、サラダなど
└─────────────────────────┘

えんじ色の屋根瓦が印象的な喫茶店

トーストを華やかに彩るコンフィチュール

コーヒーハウスかこ 花車本店
こーひーはうすかこ はなぐるまほんてん

名古屋駅周辺

☎ 052-586-0239
MAP P118C3

コンフィチュールや自家焙煎コーヒーなど、手作りメニューが40年以上愛されている。オレンジマーマレードをはじめ季節のコンフィチュール4種をのせたトーストが、モーニングならドリンク代＋100円〜に。**DATA** ❸名古屋市中村区名駅5-16-17 花車ビル南館1階 ❷地下鉄桜通線国際センター駅3番出口から徒歩2分 ❸7時〜18時30分LO（土・日曜、祝日は〜16時30分LO）❹無休 **1**シャンティールージュスペシャルはドリンク代＋350円 **2**カウンター席でひとりでも落ち着ける

┌─────────────────────────┐
モーニング DATA
【提供時間】7〜11時
【料金】ブレンドコーヒーの場合500円
【内容】トースト※コンフィチュール付きは＋100円〜
└─────────────────────────┘

時代を超えて親しまれる名店

洋菓子・喫茶 ボンボン
ようがし・きっさ ぼんぼん

☎ 052-931-0442　**高岳**
MAP P122C3

昭和24年（1949）に創業した洋菓子＆純喫茶で、昭和レトロな雰囲気。モーニングはドリンクに、トーストと卵が付く定番スタイル。モーニング以外でドリンクを注文するとミニケーキ（〜13時）が付いてくる。**DATA** ❸名古屋市東区泉2-1-22 ❷地下鉄桜通線高岳駅1番出口から徒歩5分 ❸8時〜22時（日曜、祝日、隣の天津楼休日は〜21時）※洋菓子販売は〜21時 ❹無休

┌─────────────────────────┐
モーニング DATA
【提供時間】8〜10時（日曜、祝日は除く）
【料金】350円〜
【内容】バタートースト、ゆで卵
└─────────────────────────┘

1しっかりと苦みのあるコーヒーが朝にぴったり **2**洋菓子は約30種類以上が揃い、220円〜。**3**往時の趣が残るレトロな空間が雰囲気満点

照明など、移転前の店から持ち込んだ調度品もある

喫茶めし

数千店あるという名古屋の喫茶店。店のシンボルになるようなユニークな料理やサービスを提供する店も多い。

イタリアンスパゲッティ 650円
最後までアツアツで楽しめるようにと初代が考案。赤ウインナー、ピーマン、モヤシ、豚肉など具だくさん。

Local cafe gourmet

鉄板スパ発祥店で味わうイタリアン
喫茶ユキ
きっさゆき　**車道**
☎ 052-935-1653
MAP P122D4
昭和32年(1957)創業の純喫茶。鉄板スパゲッティ発祥の店としてなごやめしに欠かせない名店だ。2018年に現在の場所へ移動し、リニューアルした。
DATA 🏠 名古屋市東区葵3-2-30 🚃地下鉄桜通線車道駅4番出口から徒歩2分 🕐10〜15時 休金・土曜

旧店舗の雰囲気を残したモダンな外観

エビフライサンド 980円
プリプリのエビフライを3本サンドしたメニュー。玉子焼やキャベツも入ってボリュームも◎。テイクアウトも同価格。

一社

がっつり食べたい人はここ
カフェメルス 猪子石店
かふぇめるす いのこいしてん
☎ 052-774-3938
MAP P116D2　**一社**

2013年にテレビのB級グルメ番組でグランプリに

ボリューム満点のご飯メニューが充実しているカフェ。イタリアンやピラフにホワイトソースをかける豪快なスタイルで注目店に。大盛りはすべて無料。**DATA** 🏠 名古屋市千種区千代が丘6-10 平和ビル1階 🚃地下鉄東山線一社駅から車で5分 🕐11時30分〜午前3時(午前2時30分LO) 休不定休

**にんにくピラフ
ホワイトソースがけ 1050円**
にんにくたっぷりのピラフに濃厚なホワイトソースをオン！パンチが利いた人気メニュー。

週末は名物目当てに行列になることも
コンパル 大須本店
こんぱる おおすほんてん　**大須**
☎ 052-241-3883
MAP P124B2
昭和35年(1960)に、レストラン出身のシェフをスカウトして誕生したエビフライサンドが人気。濃厚なネルドリップのコーヒー420円とぜひな。**DATA** 🏠 名古屋市中区大須3-20-19 🚃地下鉄名城線・鶴舞線上前津駅8番出口から徒歩5分 🕐8〜21時 休無休

1 コーヒー400円でトーストがついてくるモーニング **2** 創業70年以上の老舗

16

鉄板小倉トースト
810円

アツアツ鉄板と小倉のコラボ

喫茶ニューポピー ［名古屋駅周辺］
きっさにゅーぽぴー

☎ 052-433-8188　**MAP** P118C1

約10年前に惜しまれつつ閉店した「喫茶ポピー」の2代目が営む。看板メニューの鉄板小倉トーストは、伏見の人気店「喫茶神戸館」と同じものを提供。自家製小倉あんはバニラアイスやコーヒーシロップと相性抜群。**DATA** 🏠名古屋市西区那古野1-36-52 🚇地下鉄桜通線国際センター駅2番出口から徒歩7分 🕐8〜18時（金・土曜は〜22時）🈳不定休

古民家を活用した2階建ての店。ロフトの特等席もある

小倉スイーツ

あんこが主役のスイーツが集まる名古屋。あんこが多く使われ始めたのは、江戸時代の城下町で茶の湯が大流行したころから。

人気作家が愛するぜんざいは必食

加藤珈琲店 ［栄］
かとうこーひーてん

☎ 052-951-7676　**MAP** P120C1

世界中のコーヒー豆を厳選し、自家焙煎で提供する専門店。他県出身者驚きの小倉スイーツ・コーヒーぜんざいが有名だ。作家・村上春樹氏のエッセイでも紹介された、名古屋らしい珍メニューを試してみて。**DATA** 🏠名古屋市東区東桜1-3-2 🚇地下鉄名城線・桜通線久屋大通駅3A-1出口から徒歩2分 🕐7〜17時（土・日曜、祝日8時〜）🈳第3水曜（15日が水曜の場合は翌日）

全23席の店内には香ばしい豆の香りが立ち込める

抹茶ゼリー
620円

和菓子店プロデュースの本格スイーツ

緋毬 ［栄］
ひまり

☎ 052-961-6082
MAP P120C2

1

人気和菓子店「大須ういろ」系列の和甘味カフェ。洋のセンスも織り交ぜて作る季節感あふれるモダンな和スイーツが、スタイリッシュな店内で味わえる。抹茶ゼリーには小倉あんがたっぷり。**DATA** 🏠名古屋市中区栄3-4-6サカエチカ内 🚇地下鉄東山線・名城線栄駅直結 🕐10〜20時 🈳地下街に準ずる

1 甘さ控えめがうれしいゆららういろ620円 2 ゆったりとしたソファ席が並ぶ店内

金箔付 金しゃち
珈琲ぜんざい 605円

7

豪華絢爛な 名古屋城本丸御殿を見学

珍しい動物を描くことで権威をアピールしていた

2009年1月より復元工事がスタートした名古屋城本丸御殿が、2018年6月ついに完成公開された。「近世城郭御殿の最高傑作」ともいわれた本丸御殿の豪華絢爛なみどころをご案内。

天守閣と本丸御殿。往時の姿、雰囲気を感じることができる。なお、名古屋城天守閣は耐震対応のため、2020年2月現在閉館中

漆や金細工を施した破風が美しい！

❶ 車寄
車寄は将軍など正規の来客だけが利用できた正式な入口。唐破風屋根をいただく堂々たる外観で、本丸御殿で最も太い柱が使われる。見学用の入口は別。

眩いほど金ピカ＆ゴージャス
尾張名古屋が誇る天下の御殿

名古屋城本丸御殿
なごやじょうほんまるごてん

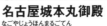

見学の目安 約1時間

☎ 052-231-1700（名古屋城総合事務所）
MAP P123B2

徳川家康の命により、名古屋城天守閣とともに築かれた本丸御殿。昭和5年(1930)に城郭としての国宝第一号に指定されるも戦災により焼失。詳細な実測図や記録写真が残っていたことから忠実な復元が可能となった。藩主や将軍が利用したであろう豪華絢爛な御殿のなかをのぞいてみよう。ひときわ目を引く美しい障壁画の数々にも注目を。

DATA ⦿名古屋市中区本丸1-1 ⊗地下鉄名城線市役所駅7番出口から徒歩5分 ⊗観覧500円(中学生以下無料) ⦿9時～16時30分(本丸御殿入場は～16時) ⦿年末年始

> 畳にそびえる松の大木が神々しい！

❷ 玄関

藩主の客が最初に通された部屋。客を威圧すべく障壁画には勇猛な虎や豹が描かれた。虎には建物を守る守護神的な意味も。

❸ 表書院

藩主と客人の正式な謁見に使われた5つの部屋で、江戸時代には大広間ともよばれていた。春の風景が広がる上段之間や一之間など、部屋ごとに四季をイメージした花鳥図などが描かれている。

> 対面所で最も格の高い上段之間

❺ 上洛殿

3代将軍・徳川家光が上洛する際に宿泊所として増築。花鳥風月をあしらった彫刻欄間や天井絵など、最も格式高い造りに。

❹ 対面所

藩主がより身近な側近や親族と対面した場所。黒漆塗の天井板に金箔を貼った折上小組格天井もみどころ。初代藩主・義直と春姫の婚儀も行われた。

❻ 梅之間

上洛殿に泊まる将軍をもてなす役割に選ばれた、尾張藩の上級家臣が控えた間。上洛殿のほかの部屋とは一線を画し、落ち着きあるしつらえが特徴だ。

> 広々とした浴室には唐破風も設けられている

❼ 下御膳所

料理を配膳する準備が行われていたとされる部屋。中央に備え付けられた長囲炉裏で料理を温め直した。

❽ 湯殿書院

上洛殿の奥にある将軍専用の浴室。といっても湯船はなく、外で湯を沸かし湯気を内部に引き込むサウナ式蒸気風呂だった。

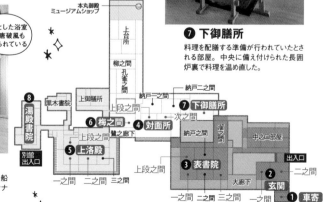

本丸御殿
ミュージアムショップ

上台所

柳之間
孔雀之間

❽ 湯殿書院

黒木書院

納戸二之間

上御膳所

納戸二之間

❼ 下御膳所

上段之間

次之間

❻ 梅之間

❹ 対面所

納戸之間

溜之間

別館出入口

上段之間

上段廊下

❺ 上洛殿

中之口部屋

上段之間

❸ 表書院

出入口

出口

一之間 二之間 三之間

一之間 二之間 三之間

大廊下

二之間

❷ 玄関

❶ 車寄

● ニシゴリラ
イケメンゴリラとして人気のニシゴリラの
シャバーニ。高さ日本一のタワーで遊ん
だり、天井からエサを受け取り食べる姿
が見られる

Handsome

動物たちが活発に動く午前中が
狙い目。スカイタワーや植物園に
立ち寄るのもおすすめだ

Enjoy Nagoya

8

個性あふれる人気者に会いに行こう!

東山動植物園で
動物に癒やされる

SNSでイケメンすぎると話題になったゴリラや珍しい鳴き声が特徴のフクロテナガザルなど
約500種もの動物が集まる動物園。イベントもチェックして、魅力を余すことなく楽しもう。

人気イベント!

キリンやゾウなどのエサやりを定期的に開催。
人数に限りがあるので10時から配布される整理券をゲットしよう。

カンガルーにサツマイモをあげるイベン
ト。6〜9月の第3日曜14時〜開催

カバにエサをあげるイベント。4〜11
月の第4日曜14時〜開催

動物と大接近! イケメンにも会えるスゴイ動物園

東山動植物園　ひがしやまどうしょくぶつえん

☎ 052-782-2111　**MAP** P116D3

約60万㎡の敷地内に動物園と植物園があり、動
物園では約500種の動物を、植物園では約7000
種の植物を展示している。イケメンゴリラや日本で
はここだけのラーテルなど話題の動物たちが集結!
エサやり体験などイベントも多数実施。

DATA ⊕ 名古屋市千種区東山元町3-70 ✖ 地下鉄
東山線東山公園駅3番出口から徒歩3分 ⊛ 入園500
円 ⊛ 9時〜16時50分(入場は〜16時30分) ⊛ 月曜(祝
日の場合は翌平日)

必見の動物はこちら!!

● コアラ
木の上でのんびりユーカリを食べる姿が愛らしい。食事の時間は活発に動くので見に行こう

● ユキヒョウ
真下から見上げるユキヒョウの姿は迫力満点！山の崖を上ったり下ったりしながら生息する、本来の姿が見られる

● メキシコウサギ
短く丸い耳はウサギの原始的な形といわれる。メキシコシティ近郊の火山周辺にのみ生息

● フクロテナガザル
喉に大きな袋をもっているのが特徴のサル。注目はおじさんのような声で鳴くケイジくん。アッカンベーをするかわいい表情も人気

● アジアゾウ
2013年に生まれた「さくら」と母「アヌラ」、父「コサラ」、メスの「ワルダー」の4頭がおり、泥遊びを間近で見ることができる

● キリン
高所のエサを食べるキリンの舌の長さは40〜50cm。首だけでなく舌も長い

グルメ＆おみやげもCHECK!

シャバーニぬいぐるみ
3300円
たくましい腕や目つきもまるで本物そっくりのシャバーニのぬいぐるみ

シャバーニアイス
400円
溶けにくいのがうれしいゴリラ形のアイス。園内での食べ歩きにぴったり

コアラアイス
470円
園内の人気者コアラがモチーフのアイス

どうぶつパン
各290円〜
動物モチーフのパン。季節によって中身が変わるものもある

大正ロマンの香り漂う風景を歩いて楽しむ

文化のみちレトロさんぽ

町並み保存地区の白壁界隈には大正時代の邸宅が残っており、ノスタルジックな風景が広がる。閑静な通りをゆっくり歩いて、時代の息吹を感じてみては?

Start

ホールでは美しい庭を見ながらお茶ができる

草花に囲まれた美しい邸宅
❷ 文化のみち 百花百草
ぶんかのみち ひゃっかひゃくそう

☎ 052-931-1036 **MAP** P122C2

大正9年(1920)に建造された書院や茶室などを改修。母屋跡にはホールを新築し、庭園の東側にある土蔵はギャラリー。**DATA** 🏠名古屋市東区白壁4-91 🚇地下鉄名城線市役所駅2番出口から徒歩13分 💴入館500円 🕐10〜16時 休火曜

♪♪

徒歩8分

地下鉄名城線
市役所駅

ゆっくりまわって約180分

荘重で華やかな文化遺産
❶ 名古屋市市政資料館
なごやししせいしりょうかん

☎ 052-953-0051
MAP P123B3

大正11年(1922)に建設された裁判所を市の公文書館として利用。国の重要文化財である復原会議室と中央階段室のステンドグラスは必見。**DATA** 🏠名古屋市東区白壁1-3 🚇地下鉄名城線市役所駅2番出口から徒歩8分 💴無料 🕐9〜17時 休月曜(祝日の場合は翌平日)、第3木曜(祝日の場合は第4木曜)、12月29日〜1月3日

赤レンガと白い花崗岩を組み合わせたネオ・バロック様式の資料館

徒歩7分

徒歩3分

武家屋敷風の趣ある門塀
❸ 旧豊田家の門・塀
きゅうとよだけのもん・へい

MAP P122C2

大正7年(1918)ごろに建てられた、トヨタグループの創業者・豊田佐吉の娘婿、利三郎の邸宅跡。現在は門と塀のみが現存し、黒板塀と門は風格あるたたずまい。**DATA** 🏠名古屋市東区白壁4-20 🚇地下鉄名城線市役所駅2番出口から徒歩16分 💴外観見学自由

Nostalgic
市の都市景観重要建築物に指定されている旧豊田家の門・塀

モダンな洋風数寄屋造り
❺ 旧春田鉄次郎邸
きゅうはるたてつじろうてい

☎ 052-222-2314
（名古屋まちづくり公社）
MAP P122C2

陶磁器貿易商として成功を収めた春田鉄次郎の住宅。設計は近代日本を代表する建築家の武田五一といわれる。一部一般公開され、1階にはフランス料理「レストラン・デュボネ」がある。**DATA** 🏠名古屋市東区主税町3-6-2 🚇地下鉄名城線市役所駅2番出口から徒歩14分 💰無料 🕐10時～15時30分 ❌月曜（祝日の場合は翌平日）

徒歩すぐ

門をくぐって奥に見学者用の入口がある

徒歩3分

和洋折衷のレトロ建築
❹ 旧豊田佐助邸
きゅうとよだすけてい

☎ 052-222-2314（名古屋まちづくり公社）
MAP P122C2

豊田佐吉の弟、佐助の邸宅。白いタイル貼りの木造洋館と和館を併設した珍しい建築スタイル。鶴亀にとよだの文字をデザインした換気口をはじめ邸内の細かな意匠にも注目して。**DATA** 🏠名古屋市東区主税町3-8 🚇地下鉄名城線市役所駅2番出口から徒歩15分 💰無料 🕐10時～15時30分 ❌月曜（祝日の場合は翌平日）

邸内の装飾にも趣向が凝らされている

洋館の奥に和風の建築が続いている

徒歩4分

文化人が集ったサロン
❼ 文化のみち二葉館 ぶんかのみちふたばかん

☎ 052-936-3836　**MAP** P122C3

日本初の女優・川上貞奴と、「電力王」の異名をとった実業家・福沢桃介が共に暮らした家。和洋折衷の斬新で豪華な邸宅は、政財界人や文化人が集い「二葉御殿」とよばれた。**DATA** 🏠名古屋市東区橦木町3-23 🚇地下鉄名城線市役所駅2番出口から徒歩18分、地下鉄桜通線高岳駅2番出口から徒歩10分 💰200円 🕐10～17時 ❌月曜（祝日の場合は翌平日）

徒歩3分

瀟洒な和洋館を見学
❻ 文化のみち橦木館
ぶんかのみちしゅもくかん

☎ 052-939-2850
MAP P122C3

陶磁器商の井元為三郎が建てた歴史ある和洋館を用いた市の文化施設。ステンドグラスをはじめ館内には往時の趣ある姿が残る。**DATA** 🏠名古屋市東区橦木町2-18 🚇地下鉄名城線市役所駅2番出口から徒歩16分、地下鉄桜通線高岳駅1番出口から徒歩10分 💰200円 🕐10～17時 ❌月曜（祝日の場合は翌平日）

定期的にイベントも開催する

国内初の住宅専門会社「あめりか屋」が設計

本殿は「二拝二拍手一拝」の順で参拝

10 三種の神器のひとつを祀る格式高い社

熱田神宮でパワーを授かる

約6万坪といわれる熱田の杜は、市内とは思えぬほど静謐な空気に包まれている。
厳かな気持ちで参拝して、神聖なパワーとありがたいご利益にあずかろう。

神聖な境内への入り口

❷ 正門
境内の南端に立つ大鳥居。くぐる前に脱帽して一礼を。本宮へ続く正参道は、楠などが生い茂り清らかで厳かな雰囲気を感じることができる。

❶ 本宮
熱田の杜の奥深くに鎮まる聖域。三種の神器を祀る社であるため、明治26年（1893）に伊勢神宮と同様の神明造りに改造された。

いにしえより神々が住む
森閑と鎮まる神苑へ

参拝の目安
約2時間

熱田神宮
あつたじんぐう

☎ 052-671-4151 **MAP** P115A3

三種の神器のひとつ、草薙神剣を祀り、伊勢神宮につぐ格別に尊いお宮として篤い崇敬を集める。境内は熱田の杜とよばれる深い緑に抱かれ、本宮をはじめ別宮や摂社、末社など合わせて45社が鎮座。名古屋で最古の石橋と伝わる二十五丁橋、日本三大灯籠のひとつ佐久間灯籠、名刀の宝庫として知られる宝物館など、みどころも多い。

DATA 🏠 名古屋市熱田区神宮1-1-1 🚉 名古屋駅から名鉄名古屋本線で約7分の神宮前駅から徒歩3分、または栄駅から約11分の地下鉄名城線伝馬町駅1番出口から徒歩7分 💴⏰休 境内自由（授与所は⏰7時〜日没ごろ）

❸ 清水社

水の神・罔象女神（みずはのめのかみ）を祀り、「お清水さま」の名で親しまれる。社の裏にある湧き水の中央の石に三度水をかけて祈ると願いが叶うとか。湧き水は肌につけると美肌になるともいわれる。

本宮から神楽殿の横を抜けた先に鎮座

❹ 大楠

弘法大師のお手植えと伝えられる楠。幹周り約7m、高さ約20mの巨木で、樹齢は1000年を超えるという。

神域である境内と外の世界を隔てる役割も

❺ 信長塀

日本三大土塀のひとつに数えられる。桶狭間の戦いの戦勝のお礼として織田信長が奉納。

日本の至宝が集結

昔むした幹が悠久の時の流れを感じさせる

❻ 宝物館

皇室や武将をはじめ、一般の篤志家から寄贈された宝物約6000点を収蔵。選りすぐりの宝物を、毎月入れ替え展示している。

短刀 来国俊

国宝

約700年前に短刀の名手・来国俊によって鍛えられた

松竹双鶴文八稜鏡

重要文化財

室町時代の不老長生の情景をあらわした鏡

日本書紀

重要文化財

日本最古といわれる歴史書

授与品はこちら

勝守 1000円

勝守と勝紐がセットの勝負運全般に縁起がよいお守り。雅楽の舞曲のひとつ、戦勝の舞『陵王』の装束をかたどる

結守 各1000円

良縁との出会いの機会を得たり、結ばれたご縁を大切に育むご利益があるとされる。写真の2種類がある

DAY 1

これぞ名古屋! なスポットを巡る

まずは名古屋を代表する観光名所・名古屋城へ。金シャチ横丁でグルメを堪能したら、トレンド発信地・栄を散策。夜は眺望自慢のバーで一杯楽しもう。

ソロタビでやりたいことを全部叶える!

1泊2日モデルプラン

王道観光スポットや人気エリアを巡り、なごやめしを食べる。
名古屋旅の理想を詰め込んだ、1泊2日のプランをご提案!
コンパクトなエリアなので、初心者でも安心。
お楽しみ満載のソロタビへ出発!

400年前の姿を復元した本丸御殿は豪華絢爛!

START 名古屋駅に到着!

> 地下鉄&徒歩で約10分

10:30 まずは名古屋城本丸御殿へ

2018年6月に全エリアが見学できるようになった本丸御殿。資料をもとに忠実に復元された美しい書院造の建築を見学しよう。 →P18

> 徒歩で約5分

12:00 金シャチ横丁でランチ

2018年3月にオープンした名古屋の新しいグルメスポット。老舗の名店から気鋭の人気店までなごやめしを提供する店がずらりと並ぶ。 →P50

江戸時代の城下町をイメージ

おしゃれなカフェでひと休み

> 地下鉄&徒歩で約15分

14:00 栄のランドマーク&カフェ巡り

緑豊かな大通り周辺にある栄のシンボル的なランドマークを巡る。街歩きに疲れたら、地元でも人気のおしゃれなカフェで休憩しよう。 →P58・64

> 徒歩で約10分

18:00 名物・味噌カツを味わう

店それぞれ異なるこだわりの味噌ダレが決め手の味噌カツは名古屋を代表する名物グルメ。 →P4

ジューシーでボリューム満点の味噌カツ

> 地下鉄&徒歩で約10分

20:00 高層階のバーで夜景を楽しむ

名駅エリアの周辺ビルの高層階にはムード満点のバーも点在する。高層ビル群が林立する夜景を観賞しよう。バー利用であればひとりでも入りやすい。 →P38

きらめく絶景を独り占め

> 徒歩で約5分

GOAL 名古屋駅付近のホテルに宿泊

熱田神宮にお参り&名古屋カルチャーを体感

名古屋ならではの文化・モーニングを楽しんだら、熱田神宮へ。参拝後は名店のひつまぶしを堪能し、大須の商店街を散策。最後は名古屋駅でおみやげ探しをしよう。

START **ホテルを出発**

独特の喫茶文化を感じよう！

徒歩で約10分

9:30 **朝ごはんはモーニングへ**

朝のなごやめしといえばコレ！ 喫茶店のモーニングを食べながら、旅のプランを確認しよう。人気の小倉トーストをはじめ、店ごとのこだわりメニューを楽しみたい。
→P14

名鉄&徒歩で約30分

11:00 **熱田神宮でパワーをもらう**

午前中のすがすがしい空気のなか格式高い神宮を参拝。織田信長が奉納した土塀や、水の神を祀る清水社などのパワースポットも巡りたい。
→P24

徒歩で約5分

威厳のある雰囲気に包まれた境内

12:30 **ひつまぶしを堪能**

炭火でふっくら焼き上げたウナギを3通りの味で楽しめる。創業以来継ぎ足して作られる秘伝のタレとウナギを心ゆくまで味わいたい。
→P8

地下鉄&徒歩で約15分

3度おいしいひつまぶし

活気ある大須商店街

14:00 **大須をぶらり散策**

新旧の多彩なジャンルの店が並ぶ、名古屋随一の名物商店街を歩こう。バラエティ豊富な魅惑の食べ歩きグルメもチェック！ 街のシンボル、大須観音の参拝も忘れずに。
→P74〜77

地下鉄&徒歩で約5分

16:00 **名古屋みやげをゲット**

名古屋駅に戻り、エキナカのショップでおみやげ探し。スイーツはもちろん、味みやげも豊富だ。手羽先や天むすなどを買って帰りの電車で食べるのもおすすめだ。→P36

かわいくておいしいおみやげを持ち帰り

徒歩すぐ

GOAL **名古屋駅から帰路へ**

1DAY コース

写真女子におすすめ。映えるスポット巡り

穴場スポットをまわる別プラン

全国的にも有名な動物たちが集まる東山動植物園を満喫したら、びっくりするほど大きいえびふりゃーを食べに行こう。午後はレトロでかわいいエリア・覚王山を満喫。

START 名古屋駅を出発

地下鉄&徒歩で約25分

広大な敷地と飼育頭数の多さで有名なスポット

イケメンゴリラのシャバーニは必見

9:00 東山動植物園でかわいい動物とご対面

約60万㎡の敷地内に約500種の動物を飼育する東海エリア屈指の有名アニマルスポット。イケメンゴリラとして全国区の知名度をもつシャバーニやコアラなどの人気者に会いに行こう。ランチは園内でサクッと。→P20

地下鉄&徒歩で約15分

13:00 揚輝荘でレトロな建物と美しい庭園を満喫

大正から昭和初期にかけて松坂屋の初代社長によって構築された別荘。かつては迎賓館、社交場として華やいだ。現在は5棟の文化財と庭園が残されている。都会の喧騒から離れて緑の景色に癒やされよう。→P88

徒歩5分

名古屋の歴史を伝える貴重なスポット

15:00 覚王山アパートでこだわりの雑貨探し

2階建ての木造アパートを改装したスポット。作家の手作り作品を扱うお店やアトリエ、古本カフェなど、アーティストやクリエイターの多い覚王山らしいお店が集まる。→P89

徒歩5分

ここでしか出合えない一点ものも多い

18:00 特大のえびふりゃーをディナーで味わう

エビグルメを豊富に扱う食事処で味わうえびふりゃーは約35cmの大きさ。プリプリの天然ものを使用しておりおいしさも折り紙付きだ。ハサミで切り分けて食べるのもおもしろい！→P11

地下鉄&徒歩で約25分

お皿からはみ出るほど大きい！

GOAL 名古屋駅

Dynamic!

1DAY コース

名城とせとものの町へ。レトロな趣を堪能

国宝のお城がそびえ立つ城下町や焼物で栄えた歴史ある町を歩こう。
それぞれの町に点在するかわいいカフェやショップにも注目したい！

ひとあし
のばす
別プラン

START 名古屋駅を出発

名鉄&徒歩で
約50分

望楼からの景色は
必見の価値あり

尾張と美濃の国境沿い
にそびえ立っていた

Nice View

10:00 国宝 犬山城を見学

現存する天守のなかで日本最古を誇る犬山城。
昭和10年(1935)には国宝に指定された。天守
最上階の望楼からは、近くを流れる木曽川や城
下町、遠くには名古屋のビル群まで見渡すことが
できる。 →P92

徒歩で約10分

11:30 城下町で食べ歩きを楽しむ

400年以上の歴史をもつ城下町を散策しよう。
昔ながらの町家を利用したおみやげや食べ歩き
グルメなどの店が並ぶ。串メニューは食事系から
スイーツ系まで豊富。
→P93

名鉄&地下鉄で
約1時間30分

城郭構造を残した
風情ある町並み

香ばしくモチモチ
とした食感が人気

14:00 瀬戸で焼物ハント

陶磁器を意味する「せともの」の語源にもなった焼物の町・瀬戸に
は窯元やギャラリーショップが並ぶ。技法も形もさまざまな焼物
からお気に入りの作品を見つけたい。 →P96

徒歩で約5分

お気に入りのせとものを
じっくり探してみよう

瀬戸でしか見られない
窯垣の小径

16:00 瀬戸焼カフェで
まったり

こだわりの器で提供されるドリ
ンクやスイーツでひと休み。併設
されているギャラリーもぜひ見
学しよう！
→P97

徒歩で約5分

スイーツで
ひと息つこう

GOAL 尾張瀬戸駅

名古屋
エリア＆プロフィール

織田信長、豊臣秀吉、徳川家康の天下の三英傑を筆頭に、多くの有名武将の出身地が実は愛知県。
名古屋には武将ゆかりの地が多く、「武将都市ナゴヤ」をテーマに歴史観光に力を入れている。
また、名古屋独特の文化もユニークで、なかでも「なごやめし」は今や全国区の知名度だ。
関東や関西とも異なる独自の歴史や文化をひとりでじっくり堪能しよう。

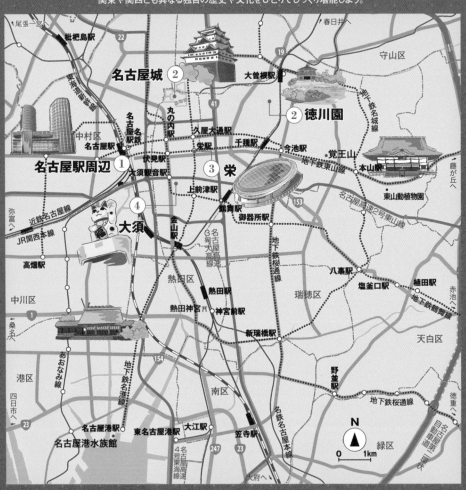

② 名古屋城・徳川園
なごやじょう・とくがわえん P46

歴史と行政が集積!
名古屋の中心官庁街
名古屋のシンボルといえば金のシャチホコが輝く名古屋城。周辺は名古屋市役所や愛知県庁などが集まる官庁街に。名古屋市市政資料館をはじめ歴史的建造物も多い。

ソロタビにおすすめ
・名古屋城 ➡P48
・徳川園 ➡P52
・徳川美術館 ➡P54

① 名古屋駅周辺
なごやえきしゅうへん P32

巨大な駅ビルが立つ
名古屋観光の玄関口
地元で"名駅"とよばれる名古屋駅は主要な鉄道・地下鉄・バスが集積する交通の拠点。地上にはビル群が、地中には広大な地下街が広がる。2016～17年にかけて高層ビルの開業ラッシュが続いた。

ソロタビにおすすめ
・円頓寺 ➡P35 　　　　　　・ノリタケの森 ➡P44
・スカイラウンジ ジーニス ➡P39 　・なごめしカフェ
・グランドキヨスク名古屋 ➡P37 　トラッツィオーネナゴヤ ➡P40

④ 大須
おおす P72

老いも若きも集まる
賑やかな下町商店街
大須観音の門前町。アーケードの商店街を中心に、ファッションからグルメまで老若男女を問わず雑多な店が軒を連ねる。国内有数の電気街としても有名。各通りには名前が付けられ、多彩な商店街がある。

ソロタビにおすすめ
・大須商店街 ➡P74
・コンパル 大須本店 ➡P16
・万松寺 ➡P75

③ 栄
さかえ P56

グルメも、買い物も
注目ショップが充実
百貨店や複合ビル、有名ブランドの旗艦店などが揃う中心街。ファッション、グルメを中心に最新トレンドが集まる。グルメはなごやめしからおしゃれなカフェまで選択肢が多い。

ソロタビにおすすめ
・オアシス21 ➡P62
・黒豚屋 らむちぃ ➡P5
・名古屋市科学館 ➡P61

瀬戸 せと P96
約1000年もの窯業の歴史をもつ「せともの」の語源にもなった焼物の町。

常滑 とこなめ P98
日本六古窯に名を連ね陶都。町のなかは陶器があふれ、レトロな風景は散策に最適だ。

名古屋港水族館
なごやこうすいぞくかん P100
約500種5万点の生き物を飼育する水族館。

名古屋国際空港セントレア
なごやこくさいくうこうせんとれあ P102
中部圏と世界を結ぶ国際空港でありながら、魅力あふれるスポットが豊富な遊べる空港。

覚王山 かくおうざん P88
街のシンボル・日泰寺の参道を中心にレトロな建築物のみどころや新進カフェなどが集まる。

有松 ありまつ P90
旧東海道沿いの古い町並みが残る美観エリア。伝統技術の有松絞りの里としても知られる。

犬山 いぬやま P92
国宝 犬山城や約400年以上の歴史をもつレトロな城下町が残る元町周辺が魅力。

博物館 明治村
はくぶつかん めいじむら P94
広大な敷地内に歴史的、芸術的価値の高い60を超える建造物を展示しているテーマパーク。

ひとあしのばして

名古屋駅周辺

見上げれば高層ビル群。地下には日本最古の地下街・サンロードほか名駅地下街が広がる。名古屋の玄関口らしく、店は有名ブランドから地元のみやげ店まで揃う。

ソロタビ PLAN

名古屋駅周辺をぐるりと満喫する1日コース。高層ビルや地下街でショッピングを楽しんだり、レトロな昔町を散策しよう。シメは夜景を楽しみながら一杯。

所要 10時間

Start

JR・地下鉄 名古屋駅

Solo tabi Plan

① 9:00 マルナカ食品センターでショッピング＆ランチ

→P45

場内にはさまざまな食事処がある

一般客は8～9時に訪れるのがおすすめ

② 12:00 ノリタケの森で伝統技術を見学

→P44

明治～昭和初期に製造された貴重なオールドノリタケは必見

お皿やマグカップなどに絵付けできる体験も人気

③ 14:00 円頓寺・四間道エリアをのんびりさんぽ

→P34

タイムスリップしたような町並みが楽しめる四間道を歩こう

円頓寺には名古屋の下町の雰囲気が残る

④ 15:30 エキチカでおみやげ探し

→P36

つぶ餡がたっぷり入った元祖鯱もなか8個入り 791円

スティックタイプでかわいいウイロバー5個入り 702円

⑤ 18:00 夜景が見えるバーから名古屋の街を見下ろす

→P38

名古屋JRゲートタワーホテル内にあるTHE GATEHOUSE

おしゃれなドリンクを片手にビル群の夜景を楽しもう

Goal

JR・地下鉄 名古屋駅

ACCESS

- ■ 名古屋駅
  - 地下鉄桜通線で2分
- ■ 国際センター駅
  - 地下鉄桜通線で1分
- ■ 丸の内駅
- ■ 名古屋駅
  - 地下鉄東山線で3分
- ■ 伏見駅

☎ 052-541-4301
名古屋駅観光案内所

名古屋駅周辺

MAP P118～119

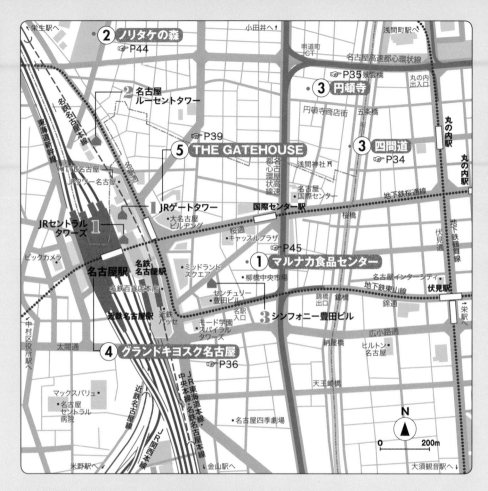

② ノリタケの森
☞ P44

② 名古屋ルーセントタワー

栄生駅へ

小田井へ↑

浅間町駅へ↑

明道町JCT

名古屋高速都心環状線

☞ P35 景雲橋

③ 円頓寺

円頓寺商店街　五条橋

☞ P39

⑤ THE GATEHOUSE

都心環状線高速　名四

浅間神社⛩

③ 四間道
☞ P34

丸の内駅

丸の内出入口

名古屋国際センター

地下鉄桜通線

JRゲートタワー

国際センター駅

桜橋

地下鉄鶴舞線

伏見通

•大名古屋ビルヂング

JRセントラルタワーズ

•キャッスルプラザ

桜通

☞ P45

① マルナカ食品センター

ビックカメラ

名古屋駅

名鉄名古屋駅

•ミッドランドスクエア

名鉄百貨店本店

•柳橋中央市場

名古屋インターシティ

地下鉄東山線

伏見駅

栄駅→

錦橋出口　錦橋

錦通

近鉄名古屋駅

近鉄パッセ

名駅入口

•センチュリー豊田ビル

③ シンフォニー豊田ビル

モード学園
•スパイラルタワーズ

広小路通

納屋橋

ヒルトン
•名古屋

中村区役所へ

太閤通

④ グランドキヨスク名古屋
☞ P36

天王崎橋

マックスバリュ

•名古屋セントラル病院

•名古屋四季劇場

N

0　　　200m

米野駅へ

金山駅へ

大須観音駅へ↑

名古屋駅周辺のランドマークビル

1 JRセントラルタワーズ・JRゲートタワー
じぇいあーるせんとらるたわーず・じぇいあーるげーとたわー

MAP P119B2・3

ツインタワーのJRセントラルタワーズとJRゲートタワーは、1〜15階までが接続。オフィスや2つのホテルをはじめ、多彩なショップが揃うジェイアール名古屋タカシマヤなどが入居する。

DATA ☎052-586-7999 ⊕JRセントラルタワーズ：名古屋市中村区名駅1-1-4、JRゲートタワー：名古屋市中村区名駅1-1-3 ❷JR名古屋駅直結 ⊕店舗により異なる ❻不定休

2 名古屋ルーセントタワー
なごや―るーせんとたわー

MAP P119B1

曲線を描く全面ガラス張りの東面が特徴。JR名古屋駅から地下道で直結。オフィスのほか飲食店が入居する。

DATA ☎052-588-7788 ⊕名古屋市西区牛島町6-1 ❷名古屋駅桜通口から徒歩5分 ⊕店舗により異なる ❻無休

3 シンフォニー豊田ビル
しんふぉにーとよたびる

MAP P119B3

ホテル、シネマなどが集まる複合ビル。外構には緑あふれる「グリーンモール」も。1階と地下1階には飲食店がある。

DATA ☎問合せは各店舗 ⊕名古屋市中村区名駅4-11-27 ❷名古屋駅桜通口から徒歩5分 ⊕店舗により異なる ❻無休

タイムスリップしたようなレトロな風景を楽しもう
円頓寺&四間道
のんびりさんぽ

町家や蔵が残る古い町並みと歴史ある商店街が広がるエリア。ノスタルジックな風景を楽しみながら、点在する古い町家や蔵などを利用した飲食店に立ち寄ろう。

ソロタビ**Point**

下町情報誌『ポゥ』をゲット
年2回発行される円頓寺・四間道界隈の下町情報誌『ポゥ』。町歩きマップやお店の情報などが掲載されている。掲載店や円頓寺商店街などで無料配布している。

1

白壁土蔵が続く風雅な道
四間道 しけみち
MAP P118C2

名古屋城の築城とともにつくられた堀川西側の商人町。元禄13年(1700)の大火のあと、防火などのため道幅を四間(約7m)に広げたことから「四間道」とよばれた。石垣や白壁の土蔵が立ち並ぶ。
DATA 🏠名古屋市西区那古野 🚇地下鉄桜通線国際センター駅2番出口から徒歩5分、またはなごや観光バスメーグルバス停四間道からすぐ 💰時休散策自由

1 黒い本瓦と白い漆喰の壁が美しい **2** 路地に入ると子守地蔵尊も祀られている

四間道エリア

タイムスリップしたような町並みが残る。民家の屋根の上に「屋根神」が見られる。

四間道の南端にある神社
浅間神社 せんげんじんじゃ
MAP P118C2

正保4年(1647)に遷座したとされる由緒ある神社。境内には、樹齢300年を超える楠やケヤキも。
DATA ☎052-565-0626 🏠名古屋市西区那古野1-29-3 🚇地下鉄桜通線国際センター駅2番出口から徒歩4分 💰時休参拝自由

石畳が敷かれたこぢんまりとした境内

商店街老舗内にたたずむショップ
月ののうさ
つきのののうさ
MAP P118C1

"木、布、紙"をコンセプトにぬくもりある木の雑貨、リサイクル着物や小物などを女性店主の感性でセレクト。一点ものが多いので、お気に入りは即買いが鉄則!
DATA ☎052-551-0197 🏠名古屋市西区那古野1-6-10 はきものの野田仙内 🚇地下鉄桜通線国際センター駅2番出口から徒歩6分 🕐11〜19時 休火・水曜

1 円頓寺商店街の「はきものの野田仙」内にある **2** 古布を使った各刺入れもいろいろ。各880円

山門をくぐって足を踏み入れると、都会の喧騒から離れた空間が広がる

この地を見守って360余年
円頓寺 えんどうじ
MAP P118C1

承応3年(1654)創建の日蓮宗寺院。子どもを守る鬼子母神像を安置している。毎月18日13時30分から御祭礼が行われる。

DATA ☎052-551-3768 🏠名古屋市西区那古野1-11-7 🚃地下鉄桜通線国際センター駅2番出口から徒歩7分 料時休参拝自由

創業87年の老舗純喫茶
喫茶まつば きっさまつば
MAP P118C1

小倉トースト発祥の店「満つ葉」からのれん分けされた喫茶店。2017年末に3代目店長に代替わりして、豆選び、焙煎法、挽き方など、コーヒーはますますブラッシュアップ。

DATA ☎052-551-0669 🏠名古屋市西区那古野1-35-14 🚃地下鉄桜通線国産センター駅2番出口から徒歩7分 時8〜18時 休水曜

1 創業時から変わらない味の小倉トースト430円 **2** 地域住民と観光客がともに憩う

新感覚エンタメが楽しめる
カブキカフェ ナゴヤ座 かぶきかふぇ なごやざ
MAP P118C1

約40席の芝居小屋で上演されるナゴヤカブキ。舞台までの距離が近く、圧倒的な臨場感が味わえる。オヒネリを投げたり、「よっ!ご両人」とかけ声をかけたり、観客も一緒に大盛り上がり。

DATA ☎080-4223-7583 🏠名古屋市西区那古野1-21-21 ハモニカ荘2B号室 🚃地下鉄桜通線国際センター駅2番出口から徒歩7分 時金曜13時30分〜・18時30分〜、土・日曜11時30分〜・16時30分〜 休月・火・水・木曜

1 歌舞伎のようで歌舞伎でない!?摩訶不思議ワールドが展開 **2** 足袋ソックス、巾着袋などグッズも買える

1 タマゴサンドは750円 **2** 2階はゲストハウスとして営業

創業85年の老舗純喫茶
喫茶、食堂、民宿。なごのや
きっさ、しょくどう、みんしゅく。なごのや
MAP P118C1

円頓寺で約80年続いた喫茶店「西アサヒ」の名物メニュー「タマゴサンド」を復刻。玉子3個を使ったふわとろ厚焼きタマゴと、マヨネーズで和えたキュウリの相性がバッチリ。

DATA ☎052-551-6800 🏠名古屋市西区那古野1-6-13 🚃地下鉄桜通線国際センター駅2番出口から徒歩7分 時8〜10時、11時30分〜22時 休月曜(祝日の場合は翌日)

エキチカでおみやげ探し

名古屋駅構内のショップや周辺百貨店には、名古屋みやげが揃っている。
買い忘れをフォローするもよし、最後にまとめ買いするもよし。上手に活用しよう。

ソロタビPoint

帰路で食べる駅弁もゲット

グランドキヨスク名古屋ではなごやめしを堪能できる駅弁が豊富に用意。ひつまぶしや天むすなど食べ逃した際は、ぜひ帰りの列車の中で堪能しよう。

青柳 小倉サンド
5個入り 756円

素朴な味のクッキーに、職人が手作りした甘さ控えめの小倉あんとバタークリームをサンド **A** **B**

元祖鯱もなか
8個入り 791円

大正10年(1921)誕生の名古屋を代表する銘菓。うるち米の香ばしい皮には、じっくり炊いたつぶ餡がたっぷり! **A** **B**

香ばしいえびせんべいに、織田信長、豊臣秀吉、徳川家康と尾張が生んだ三英傑をプリント **A** **B**

海老武将
9袋入り 1080円

ウイロバー
5個入り 702円

開けた瞬間、かわいい!の声が上がるスティック付きのういろう。サイズも食べやすく大人気 **A** **B**

名古屋プリン
3個入り 729円

純系名古屋コーチンの卵の濃厚なコクが楽しめる、懐かしくやさしい味わいのプリン **A**

ゆかり 名古屋黄金缶
10枚入り 918円

エビのうま味が凝縮した名古屋みやげの代表格。名古屋城と徳川家康が描かれた黄金缶は名古屋限定 **A** **B** **C** **D**

カエルまんじゅう
6個入り 648円

抹茶、大納言、白小豆は餡村雨で。紅つぶ、黒糖はようかんで楽しめるひと口棹菓子。季節限定品もあり **A** **B** **C** **D**

青柳総本家のマークである「柳に飛びつくカエル」をキュートにアレンジ。季節限定で抹茶やチョコ餡も登場 **A** **B** **C** **D**

えび姫
6袋入り 1080円

1袋で8種類の味が楽しめる。ひと口サイズのおせんべい。手みやげにぴったり **C**

ささらがた
5個入り 1404円

ここで買える!

Ⓐ グランドキヨスク 名古屋

ぐらんどきよすくなごや

MAP P119B3

約250アイテムを扱う名古屋駅周辺のキヨスクのなかでも最大のショップ。**DATA** ☎052-562-6151 閏6時15分～22時 休無休

Ⓑ ギフトキヨスク名古屋

ぎふときよすくなごや

MAP P119B3

老舗銘菓から話題のスイーツまで人気の名古屋みやげが多数揃う。**DATA** ☎052-562-6151 閏6時30分～22時 休無休

Ⓒ ジェイアール名古屋 タカシマヤ

じぇいあーるなごやたかしまや

MAP P119B3

食料品売り場には老舗や名店のみやげも多彩に販売。**DATA** ☎052-566-1101 閏10～20時 休不定休

Ⓓ 名鉄百貨店本店

めいてつひゃっかてんほんてん

MAP P119B3

地下1階スイーツステーションの菓乃舎に名古屋みやげを中心に地元銘菓が揃う。**DATA** ☎052-585-1111 閏10～20時 休不定休

Sugakiyaラーメン 和風とんこつ 4食入り740円

とんこつベースに和風だしが利いたラーメンが人気の「寿がきや」の味を再現。別添えの隠し味でうま味UP! Ⓐ

名古屋かるた ういろう 12枚入り 1080円

老舗が作るういろうの定番3種をツルッと気軽に食べられる。カルタ風のパッケージもキュート ⒷⒸⒹ

名古屋赤味噌ラガー 1本 395円～

愛知県特産の赤(豆)味噌と麦芽のうま味を融合させた名古屋屋らしさ爆発のビール ⒶⒹ

つけてみそかけてみそ お土産2本入り 720円

かけるだけで名古屋の味に。トンカツはもちろん、田楽やエビフライ、おでんなどにつけてみて!かけてみて! ⒶⒷ

ひつまぶし 1人用 1980円

熟練の職人「鰻師」が焼き上げたウナギの蒲焼に、薬味、お茶漬け用だし汁が付いたセット。発送用ギフトもあり Ⓓ

国産大手羽先煮 4本入り 1058円

皮を炙ってうま味を閉じ込めた国産の手羽先を特製ダレで醤油煮に。そのスパイシーさは、さすが世界の山ちゃんならでは ⒶⒷⒸⒹ

きざみ守口漬 120g (30g×4個) 583円

長い守口大根で作る守口漬を食べやすく刻んだ食べきりサイズ。粕ごとそのままどうぞ ⒶⒷⒸⒹ

名古屋駅構内図

東急ハンズ 名古屋店
桜通口
Ⓒ ジェイアール 名古屋タカシマヤ
Ⓓ 名鉄百貨店本店
JRセントラルタワーズ
広小路口
JRセントラルタワーズ
金の時計
名古屋市名古屋駅観光案内所
中央コンコース
中央口
広小路口
Ⓐ グランドキヨスク 名古屋
名古屋駅(地下)
Ⓑ ギフトキヨスク 名古屋
新幹線のりば
銀の時計
太閤通口

Eating 🍴

きらめく名古屋の街並みに感動

絶景ダイニングへGO

名古屋の夜をより特別な時間にしたいなら、眺望自慢のレストランやバーへ行ってみよう。おいしいお酒と料理を楽しみながら、高層ビル群が立ち並ぶ街の眺めを楽しもう。

ソロタビPoint

展望台もおすすめ

ミッドランドスクエア（→P45）の最上階には展望台のスカイプロムナードがある。景色はもちろん、幻想的な空間演出も楽しめる。💴750円 🕐11〜22時 ※季節により異なる

地上180mの特等席から名古屋のきらめく夜を堪能

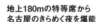

SKY LOUNGE THE ONE AND ONLY

すかい らうんじ ざ わん あんど おんりー

MAP P119B1

名古屋ルーセントタワーの最上階にあるラウンジ。ムードのある店内は、黒を基調にブルーライトが灯る。ライトアップされた名古屋城やテレビ塔などの夜景を堪能しながら、100種類以上あるカクテル1045円〜でグラスを傾けたい。**DATA ▶**

☎052-551-0030 🏠名古屋市西区牛島町6-1 名古屋ルーセントタワー40階 🚃名古屋駅桜通口から徒歩5分 💴チャージ1100円（別途サービス料10%）🕐18時〜午前1時（最終入店24時、ドリンクLO24時30分）🔴不定休

1 ガラス張りの店内からは、どの席からも夜景が楽しめる **2** オリジナルカクテルは1350円〜 **3** ディナーコースは6600円〜。1日20食限定で、18〜20時の来店利用に限る。要予約 **4** 市街を一望

**食事もドリンクも大充実
大人のダイニングバー**

Blue'dge
ぶるーえっじ

MAP P119B3

地上41階から夜の名古屋を一望できるダイニングバー。店内に高低差をつけることで、どの席からも眺望を楽しめるように。料理は地元野菜や食材を使った創作フレンチ。**DATA** ☎052-527-8866 ⊕名古屋市中村区名駅4-7-1ミッドランドスクエア41階 ⊗名古屋駅桜通口から徒歩5分 ㊞チャージ500円 ㊗11時～13時30分LO、17時30分～22時30分 ㊡無休

1 幻想的な雰囲気のバーカウンター。カクテルは1200円～ **2** 店は地上220mに位置する。くつろげるソファシートも

**洗練された空間で
人気のフレンチを堪能**

THE GATEHOUSE
げーとはうす

MAP P119B2

東京・青山の人気フレンチ「L'AS」の兼子シェフが監修するフードメニューが看板。全220席の大型オールデイダイニングで、昼は季節の移ろいを感じる屋上庭園、夜はビル群を間近にした夜景と時間ごとに違った景色を楽しめる。**DATA** ☎052-581-4600 ⊕名古屋市中村区名駅1-1-3JRゲートタワー15階 ⊗名古屋駅直結 ㊗6時30分～23時(22時LO、コース21時LO)、月・火曜は～21時(20時LO) ㊡ディナーのみ日曜定休

1 駅前ビル群の夜景を目前に望むラウンジエリア **2** 季節野菜のピクルス500円、季節のカクテル1400円～、国産クラフトビール980円～などが人気のメニュー **3** 海外のような雰囲気

**はるか下の街を眺める
極上のひととき**

スカイラウンジ ジーニス
すかいらうんじ じーにす

MAP P119B3

名古屋マリオットアソシアホテル最上階。ホテルならではの上質なバーラウンジで、夜景とアルコールによる優雅な夜のひとときを。ピアノライブも特別な時間を演出。**DATA** ☎052-584-1108 ⊕名古屋市中村区名駅1-1-4名古屋マリオットアソシアホテル52階 ⊗名古屋駅直結 ㊗17時～23時30分LO(日曜・祝日は～22時30分LO) ㊞チャージ500円(17時～)、1250円(20時～) ㊡無休

1 地上210mにあり、眺望は名古屋随一の美しさ **2** 思いきってバーカウンターに座ってみたい。カクテル1370円～

ソロタビグルメ

駅構内や周辺には名物グルメのほか、スイーツが味わえる喫茶店もたくさんある。アクセス抜群なのでスキマ時間の休憩にもおすすめだ。

名古屋名物・ぴよりんのかわいいメニューが充実

なごめしカフェトラッツィオーネナゴヤ

なごめしかふぇとらっつぃおーねなごや

MAP P119B3

名古屋ではおなじみの、ヒヨコの形をした洋菓子"ぴよりん"のキュートなメニューが揃う。ほかにも、あんかけスパゲティや味噌カツサンドなど、なごやめしを気軽に楽しめる。**DATA** ☎052-589-0805 🏠名古屋市中村区名駅1-1-4JR名古屋駅名古屋うまいもん通り広小路口内 🚃名古屋駅広小路口から徒歩1分 🕐7時～22時30分（22時LO）🈺無休

カウンター席 あり

1 90席あるゆったりとした店内にはソファ席やカウンターが **3** ぴよりんモーニングセット687円。ぴよりんの焼き印がかわいい小倉トーストが付くモーニングセット。提供は7～11時 **4** ぴよりんパフェ896円。ぴよりんと、ぴよりん形のパイ、ピスタチオとストロベリーのアイス入り

きしめんの進化系"焼き太きしめん"に挑戦しよう

朝日屋

あさひや

MAP P119A2

名古屋のナポリタンは鉄板で出されるが、きしめんも鉄板で焼く時代に!? 創業80年余の麺処が生んだ進化系きしめんがテレビの紹介などで人気に火がつき、いまや店で一番人気に。**DATA** ☎052-451-5930 🏠名古屋市中村区則武1-18-16 🚃名古屋駅太閤通口から徒歩7分 🕐11～15時、17～20時LO 🈺日曜

カウンター席 なし

1 焼き太きしめん740円。ピリ辛の濃厚な自家製ダレを絡めた幅広きしめんの下には玉子も! 具材もピーマンや玉ネギなどナポリタン風 **2** 麺メニューは約200種類。写真入りの壁のメニュー表も参考に

初代から受け継がれるこだわりの甘味

京甘味 文の助茶屋 名古屋店

きょうかんみ ぶんのすけぢゃや なごやてん

MAP P119B3

コシがありながら、まろやかな味わいとほんのりとニッキが香るわらびもちで知られる、明治末期から続く京都の老舗和菓子店。みつや白玉に抹茶を練り込んだ抹茶あんみつ880円、抹茶パフェ990円などが人気。**DATA** ☎052-589-8065 🏠名古屋市中村区名駅1-1-4 ジェイアール名古屋タカシマヤ6階 🚃名古屋駅直結 🕐10～20時（そばは19時LO、甘味は19時30分LO）🈺ジェイアール名古屋タカシマヤに準じる

カウンター席 あり

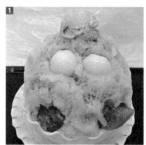

1 名物のわらびもちを中に入れ、きなこのみつの上にきなこのアイスと白玉をのせた田舎氷880円は1年中味わえる **2** 買い物途中のひと休みにおすすめ。落ち着いた店内はゆっくりできる造り

センスが光る！古民家カフェの手作りモーニング

café de SaRa
かふぇ ど さら

MAP P118C2

ジャムや玉子サラダなど、自家製メニューにこだわるモーニングが評判のカフェ。一杯ずつ丁寧に淹れた炭焼きコーヒーと一緒に味わうことができる。築100年以上の古民家を改装した、落ち着きある空間も人気だ。**DATA** ☎052-561-5557 ⊕名古屋市西区那古野1-30-16 ⊗地下鉄桜通線国際センター駅2番出口から徒歩4分 ⊕8時45分〜16時 ⊛日・月曜（臨時休業あり）

カウンター席 なし

1 モーニングは8時45分〜11時でコーヒーの場合450円。黒ゴマトースト、黒糖トースト、玉子サラダ、自家製ジャム、自家製ヨーグルト付き
2 アンティーク調の家具や白塗りの壁が静かな雰囲気を演出

多くのファンをもつお手製あんこ

KAKO BUCYOCOFFEE（旧KAKO三蔵店）
かこ ぶちょうこーひー（きゅうかこみつくらてん）

MAP P118C4

常連客を多くもつカフェ。店主の母手作りの餡を使った小倉トーストが好評だ。自家焙煎の苦みの強いKAKOブレンドコーヒー530円が、餡の甘みとマッチ。2杯目のおかわりがOKなのもうれしい。**DATA** ☎052-582-3780 ⊕名古屋市中村区名駅南1-10-9山善ビル1階 ⊗名古屋駅桜通口から徒歩12分 ⊕7時30分（少し前）〜16時30分LO ⊛無休

カウンター席 あり

1 小倉トースト（厚切り）600円※薄切りは350円。小倉あんは2回湯がくことで小豆の風味を残しつつ後味スッキリ
2 明るい雰囲気が濃い、カジュアルに使いやすい

約30種のバリエーション

きしめん亭 エスカ店
きしめんてい えすかてん

MAP P119A3

創業90年以上の老舗。ツユには一番だしを使い、名古屋の赤ツユ、関西風の白ツユのほか、カレーや味噌煮込み、ミートソースなど、具に合わせた30種類以上のメニューが楽しめる。熟成にこだわった麺も美味。**DATA** ☎052-452-1955 ⊕名古屋市中村区椿町6-9エスカ地下街 ⊗名古屋駅太閤口から徒歩1分 ⊕10時30分〜21時25分 ⊛エスカに準じる

カウンター席 あり

きしめん715円。赤味噌からできるたまり醤油（赤ツユ）は、角のとれたコクのあるうま味

甘党も満足のダブルあんこパフェ

喫茶リッチ
きっさりっち

MAP P119A3

名古屋駅直結の地下街・エスカ（→P45）にあり、昭和46年（1971）のエスカ開業当時から営業している。小倉メニューはパフェのほか、小倉トースト649円、小倉ホットケーキ770円など豊富にラインナップ。**DATA** ☎052-452-3456 ⊕名古屋市中村区椿町6-9エスカ地下街 ⊗名古屋駅太閤口から徒歩3分 ⊕7〜20時 ⊛エスカに準じる

カウンター席 あり

小倉パフェ968円。大満足のボリュームだがほどよい甘さでペロリと食べられる

老舗ならではの絶品和スイーツを

花の茶屋 -両口屋是清-
はなのちゃや -りょうぐちやこれきよ-

MAP P119B3

寛永11年（1634）創業の和菓子店、両口屋是清による甘味所。季節の和菓子、あんみつ、ぜんざい、かき氷などを味わえる。きしめんなど軽食もあり、ランチ利用にもおすすめ。**DATA** ☎052-551-3113 ⊕名古屋市中村区名駅1-1-4JRセントラルタワーズ13階 ⊗名古屋駅直結 ⊕11〜21時 ⊛無休

カウンター席 あり

花の茶屋あんみつ990円。数種類のフルーツとこし餡＆つぶ餡の2種類の餡が入る。和三盆の蜜は上品な甘さだ

ソロタビグルメ

名古屋駅周辺のホテルに泊まるなら、駅周辺のグルメスポットでディナーを楽しもう。お酒を飲んでもすぐ帰れるので安心。

市場からの新鮮な食材をサクサクの天ぷらに!

天ぷらとワイン 小島
てんぷらとわいん こじま

MAP P118C3

市場で仕入れた旬の魚介と野菜を使った天ぷらを、朝〜昼は定食で、夜はアラカルトで味わえる。揚げ油はオリーブオイルなので、香りがよく食べやすい。**DATA** ☎052-561-2666 🏠名古屋市中村区名駅4-15-2マルナカ食品センター内 🚃名古屋駅桜通口から徒歩7分 🕐9〜14時LO、17時30分〜22時LO 🈳無休

カウンター席 あり

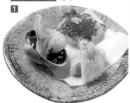

1 大アサリ 429円。蓮根フォアグラ2個649円など **2** 早い時間から天ぷらを楽しめる貴重な1軒。L字のカウンターとテーブル席がある

丁寧に仕込まれた料理に感動

ビストロ横丁
びすとろよこちょう

MAP P118C3

イタリアンをベースに、自由な発想で作るオリジナル料理が評判。すべての品を手仕込みし最良の状態で提供するなど、店主のこだわりが感じられる。**DATA** ☎052-581-5959 🏠名古屋市中村区名駅4-22-8 🚃名古屋駅桜通口から徒歩10分 🕐17〜23時(金曜は〜24時、土曜15時〜) 🈳日曜、祝日

カウンター席 あり

1 食べごたえ抜群の赤ワインチャーシュー734円。八角を使うなど、独創的な味わいも魅力的 **2** 店主との会話を楽しめるカウンター席を狙おう。テーブル席もある

産地直送の魚介をお手ごろに楽しめる

魚正宗
うおまさむね

MAP P119B2

日本各地の漁港から仕入れる魚介が自慢の漁師風酒場。旬の食材を生かした刺身や炭火焼、鍋、寿司などのほか、マンボウの腸のような珍味も!丼もの主体のランチ900円〜もあり。**DATA** ☎052-433-9955 🏠名古屋市中村区名駅3-11-16 🚃地下鉄名古屋駅3番出口から徒歩5分 🕐11時30分〜13時30分LO、17時30分〜23時30分LO 🈳日曜、祝日

カウンター席 あり

1 朝仕入れた魚介の豪華刺し盛り。魚正盛り2680円に旬のおばんざいが並ぶ

「甘い」から「辛っ!」まで手羽先の味は4タイプ!

つばさや 名古屋駅前店
つばさや なごやえきまえてん

MAP P119B2

「つばさや」の店名どおり、手羽先は店イチオシの自慢メニューで、実際に一番人気。甘口から激辛まで4種類の味がある。なごやめしの種類も豊富。**DATA** ☎052-583-7800 🏠名古屋市中村区名駅3-15-8 名駅グルメプラザ5階 🚃名古屋駅桜通口から徒歩3分 🕐17〜24時 🈳無休

カウンター席 あり

1 手羽先唐揚げ1人前5本495円。4種類の味から選ぶ。ビールのアテなら「辛口」がおすすめ **2** 名古屋駅のそばなので時間ギリギリまで楽しめる

絶品ひつまぶしをリーズナブルに

しら河 名駅店
しらかわ めいえきてん

MAP P119B2

季節ごとに取り寄せるウナギと、数十年にわたって使い続けられる秘伝のタレが味の決め手。そんなこだわりのひつまぶしが2000円台で味わえる。豊かな香りのだしも絶品だ。**DATA** ☎052-589-1358 ⊕名古屋市西区牛島町6-24アクロスキープ名古屋1階 ⊗名古屋駅桜口から徒歩5分 ⊕11時～14時30分LO、17～21時LO ⊗年末年始

カウンター席 なし

しら河のひつまぶし2800円。香ばしく焼いたウナギとコクのあるタレに、ご飯がよく合う

ネタが自慢のマグロ卸の専門店

まぐろや柳橋
まぐろややなぎばし

MAP P118C3

マルナカ食品センター内のマグロ専門店が直営。自慢のマグロや水揚げされたばかりの近海の魚介を、海鮮丼で手ごろな価格で提供する。**DATA** ☎090-1567-0968 ⊕名古屋市中村区名駅4-15-2 マルナカ食品センター内 ⊗名古屋駅桜口から徒歩7分 ⊕6～14時、17時30分～21時30分LO ⊗日曜、祝日

カウンター席 あり

極上海鮮丼1500円。マグロのトロ、穴子や白身魚など本日のネタが10種のったおすすめの一品

名古屋コーチンをリーズナブルに

てつえもん
てつえもん

MAP P119B3

鶏だし親子丼900円が名物の鶏料理専門店。鶏節からとった上品なだしが玉子や鶏肉のうま味を引き立てる。夜はやきとり1本150円～や手羽先唐揚げ5本610円といったおつまみも揃う。名古屋うまいもん通りに面しているので、ひとりでも入りやすい雰囲気。**DATA** ☎052-589-1255 ⊕名古屋市中村区名駅1-1-4 名古屋うまいもん通り太閤通口内 ⊗名古屋駅構内 ⊕11～22時LO ⊗無休

カウンター席 あり

名古屋コーチン鶏だし親子丼1410円

ウイスキーの奥深い世界へ

BAR Kobo
ばー こぼ

MAP P119B2

埼玉・秩父のイチローズモルトをはじめ、国内外の希少なウイスキーが揃う。ラム肉のミンチを蒸し焼きにしたハギス1980円～など、ウイスキーと相性のよい料理にも注目。**DATA** ☎052-565-0220 ⊕名古屋市中村区名駅3-12-14 今井ビル地下1階 ⊗名古屋駅桜通口から徒歩5分 ⊕17～24時（土曜、祝日15時～、祝前日の日曜17時～、祝前日の場合は営業）⊗日曜（祝前日の場合は営業）

カウンター席 あり

ひとりでも落ち着けるおしゃれな空間

地ビールを自慢の肉料理と一緒に

CRAFT BEER KOYOEN
くらふと びや こうようえん

MAP P119B2

名古屋市内の醸造所が営むビヤバー。浩養園ゴールデンエールをはじめ、ブルワリーで仕込む3種のクラフトビール880円～が楽しめる。東海三県の食材を使ったグルメや肉料理などのおつまみも充実。**DATA** ☎052-589-8223 ⊕名古屋市中村区名駅1-1-1 KITTE名古屋地下1階 ⊗名古屋駅桜通口から徒歩1分 ⊕11時～22時15分LO ⊗KITTE名古屋に準じる

カウンター席 あり

カウンターやテーブル席のほか、個室もあり、さまざまなシーンで利用できる

自慢のあんかけソースが絶品

スパゲティハウス チャオ JR名古屋駅太閤通口店
すぱげてぃはうすちゃおじぇいあーるなごやえきたいこうどおりぐちてん

MAP P119B3

40年間名古屋で愛されてきたあんかけスパゲティの専門店。チャオのソースは、トマトなどの野菜とスパイスをじっくり煮込んだこだわりの味。一番人気のミラカンを堪能しよう。**DATA** ☎052-571-8625 ⊕名古屋市中村区名駅1-1-4 名古屋うまいもん通り太閤通口内 ⊗JR名古屋駅構内 ⊕11～22時LO ⊗無休

カウンター席 なし

定番メニューのミラカン830円～

📷 創業明治37年(1904)の老舗

ノリタケの森
のりたけのもり

MAP P117A2

気品あふれるフォルムとデザインで世界中から高い評価を受けている、日本を代表する洋食器ブランド、ノリタケ。創業からのドラマチックな歴史と、美しいコレクションの数々が見られる複合施設だ。**DATA** ☎052-561-7114 ⓪名古屋市西区則武新町3-1-36 ⊗地下鉄東山線亀島駅2番出口から徒歩5分。またはなごや観光ルートバス メーグルバス停ノリタケの森からすぐ ⓹入園無料(クラフトセンター・ノリタケミュージアムは入館500円) ⓸10～17時 ⓺月曜(祝日の場合は翌平日)

① レストランキルン。創作フレンチをノリタケのテーブルウェアで提供する。シェフが腕によりをかけたランチコースは2800円から味わえる ② クラフトセンター。生地の製造から絵付けまで、ノリタケの伝統技術を間近で見られる。熟練職人のハンドペインティングの実演は、思わず息をのむほどだ ③ ノリタケミュージアム。明治～昭和初期に製造されたノリタケ製品「オールドノリタケ」。その歴代コレクションやデザイン画など、ファン必見

📷 世界のトヨタの原点がここにある!

トヨタ産業技術記念館
とよたさんぎょうぎじゅつきねんかん

MAP P117A2

トヨタグループ発祥の地である旧豊田紡織株式会社本社工場跡を利用した見学施設。トヨタの原点である繊維機械について紹介する「繊維機械館」と、自動車技術の変遷について学べる「自動車館」からなる。トヨタの"モノづくり"の情熱を、さまざまな展示を通して学べる。**DATA** ☎052-551-6115 ⓪名古屋市西区則武新町4-1-35 ⊗名鉄名古屋本線栄生駅から徒歩3分。またはなごや観光ルートバス メーグルバス停トヨタ産業技術記念館からすぐ ⓹入館500円 ⓸9時30分～17時(入場は～16時30分) ⓺月曜(祝日の場合は翌日)

① G型自動織機は「機械遺産」にも認定されている ② 当時では画期的な流線型のデザインで、現代の感覚にもマッチする斬新なスタイルの「トヨダAA型乗用車」 ③ 巨大な送風機の前に立って空気抵抗を体感する「風に向かって立て」 ④ 双腕ロボットなどハイテクな最新技術も展示。実際に動く光景は圧巻!

📷 東海エリアーの高さを誇る高級感あふれるビル

ミッドランドスクエア
みっどらんどすくえあ

MAP P119B3

高さは247mで東海エリアNo.1の高さを誇る。商業棟には海外ブランドのブティックや高級レストランが並ぶほか、シネマも備える。オフィス棟最上部の44〜46階にある展望フロア・スカイプロムナードからは市街を一望できる。**DATA** ☎052-527-8877 🏠名古屋市中村区名駅4-7-1 🚃名古屋駅桜通口から徒歩3分 💰スカイプロムナードは750円 🏪店舗により異なる 🈳無休

1 夜は夜景も美しいスカイプロムナード **2** 開業2007年3月 高さ約247m階数地上47階、地下6階

📷 市場見学&買い物OK!

マルナカ食品センター
まるなかしょくひんせんたー

MAP P118C3

"東海の台所"とよばれる柳橋中央市場内にある卸売センター。鮮魚、食肉、野菜から食品関連資材まで約50店が軒を連ね、業者だけでなく一般客も買い物ができる。社長がセンター内を解説&案内してくれる市場見学ツアー(1人1500円)も人気。寿司、イタリアン、バルとグルメも豊富だ。**DATA** ☎052-581-8111 🏠名古屋市中村区名駅4-15-2 🚃名古屋駅桜通口から徒歩7分 🕐早朝〜10時ごろ(店舗により異なる、年末は〜12時ごろ) 🈳水曜不定休、日曜、祝日

1 見学ツアーは金・土曜不定期開催なので事前確認を **2** 時間によってはマグロをさばく様子を見ることができる

📷 さまざまな店舗が並ぶ地下街

エスカ
えすか

MAP P119A3

新幹線の改札口に近く、名古屋みやげやグルメの店77軒がずらりと並ぶ地下街。そのうち33軒が飲食店で、ほとんどがなごやめしの店。モーニングからちょい飲みまで気軽に楽しめる。また書店や金券ショップもあり、降車後、乗車前になにかと重宝する。**DATA** ☎052-452-1181 🏠名古屋市中村区椿町6-9 🚃名古屋駅太閤通口からすぐ 🏪店舗により異なる 🈳元日、2月第3木曜、9月第2木曜

名古屋の味が揃い、週末は観光客でどの飲食店も混雑する

📷 郵便局やKITTEが入居

JPタワー名古屋
じぇいぴーたわーなごや

MAP P119B2

名古屋中央郵便局や、商業施設「KITTE名古屋」などさまざまな施設が入居。地下1階にある「BIMI yokocho」には名古屋名物を中心とする、人気グルメ店が並ぶ。**DATA** ☎052-589-8511 🏠名古屋市中村区名駅1-1-1 🚃名古屋駅桜通口から徒歩1分 🕐物販10〜20時(飲食店11〜23時)※店舗により異なる 🈳1月1日

金のシャチホコをイメージしたアート作品にも注目しよう

📷 レトロとモダンが同居する空間

大名古屋ビルヂング
だいなごやびるぢんぐ

MAP P119B2

昭和40年(1965)竣工のビルが装いも新たに2016年オープン。三越伊勢丹による「イセタンハウス」など、ファッションや雑貨店などが入居する。なごやめしを味わえる店も多い。ショールーム、医療・教育機関なども揃う。**DATA** ☎052-569-2604 🏠名古屋市中村区名駅3-28-12 🚃名古屋駅桜通口から徒歩5分 🕐11〜21時(飲食店は〜23時)※店舗により異なる 🈳無休

5階のスカイガーデンは癒やしの場所

名古屋城・徳川園

名古屋城から文化のみち・白壁地区を経て徳川園へと至るエリア。尾張徳川家の歴史や文化をはじめ、近代化の歩みを感じられる。

ソロタビ PLAN

名古屋城を筆頭に、白壁エリアや徳川園、徳川美術館などをまわる王道コース。尾張徳川家の文化や、趣深い建築群を訪ねよう。メーグル（→P112）をうまく活用すると楽に回れる。

所要 7時間

Start 地下鉄 市役所駅

Solo tabi Plan

① 9:00
街のシンボル
名古屋城へ
→P48
天守は工事中。外から見学しよう

豪華絢爛な本丸御殿へ。襖絵に描かれた猛獣たちは必見

② 11:00
金シャチ横丁で
ランチ
→P50
食のエンターテインメントが楽しめるトレンドエリア

なごやめしからスイーツまでさまざまな店が並ぶ

③ 13:00
文化のみち・白壁エリアの
風景を楽しむ
→P22
町並み保存地区の白壁界隈には大正時代の邸宅が残る

邸内の装飾もレトロでかわいい

④ 14:00
徳川美術館で
国宝や大名道具を見学
→P54
徳川家康の遺品をはじめ、尾張徳川家の大名道具を収める美術館

家康が着用した具足は第一展示室で見られる

⑤ 15:00
徳川園を歩いて
四季の趣を体感
→P52
尾張国の自然景観を表現した日本庭園で四季の花々を鑑賞しよう

虎仙橋からは龍仙湖を一望できる

Goal JR・地下鉄 大曽根駅

ACCESS

- 名古屋駅 地下鉄東山線で5分
- 栄駅 地下鉄名城線で3分
- 市役所駅
- 名古屋駅 JR中央本線で13分
- 大曽根駅

☎ 052-541-4301
名古屋駅観光案内所

名古屋城・徳川園

MAP P122〜123

46

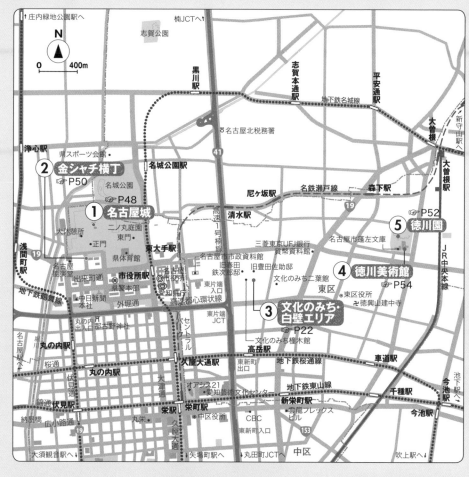

庄内緑地公園駅へ

楠JCTへ↑

志賀公園

N

0　400m

黒川駅

志賀本通駅

地下鉄名城線

平安通駅

大曽根駅へ↗

新守山駅へ↗

浄心駅

県スポーツ会館

41

② 金シャチ横丁
☞ P50

名城公園駅

⊙名古屋北税務署

名鉄瀬戸線

大曽根駅

名城公園

尼ヶ坂駅

清水駅

森下駅

19

① 名古屋城
☞ P48

高速1号楠線

⑤ 徳川園
☞ P52

大本営所

二ノ丸庭園
東門

三菱東京UFJ銀行

名古屋市蓬左文庫

JR中央本線

正門

東大手駅

県体育館

浅間町駅

19

名古屋能楽堂

出来町通

名古屋市市政資料館
貨幣資料館

旧春田
鉄次郎邸

旧豊田佐助邸

文化のみち二葉館

④ 徳川美術館
☞ P54

東区

市役所駅

文化のみち・
白壁エリア
☞ P22

東区役所

地下鉄鶴舞線

中日新聞
本社

愛知県庁

県警本部

都心環状線

東片端
入口

③

文化のみち楢木館

徳興山建中寺

東片端
JCT

セントラル
パーク

外堀通

丸の内

出入口那古野神社

名古屋駅へ

丸の内駅

桜通

伏見駅

錦通

納屋橋

広小路通

丸の内駅

高岳駅

地下鉄桜通線

車道駅

池下駅へ→

久屋大通駅

大津通

東新町
出口

地下鉄東山線

千種駅

今池駅へ→

19

オアシス21

愛知芸術文化センター

新栄町駅

今池駅

栄駅

栄町駅

中区役所

CBC

東新町入口

雲龍
フレックス
ビル

153

丸米

久屋大通

吹上駅へ↓

大須観音駅へ

矢場町駅へ

丸田町JCT

中区

名古屋城内で開催されるイベント

名古屋城天守閣のライトアップは毎日、日没〜23時。(毎月8日は〜21時30分)

3月下旬〜4月上旬
名古屋城春まつり
なごやじょうはるまつり
城内の桜の開花に合わせ、開演時間を延長。日没後は桜のライトアップもされる。

8月上旬〜中旬
名古屋城夏まつり
なごやじょうなつまつり
特設ステージを設置し、ダンス・音楽などイベントを開催。さらに盆踊り大会などを開催予定。

10月中旬〜11月中旬
名古屋城秋まつり
なごやじょうあきまつり
大菊、山菊、切花などの作品を展示。期間中、名古屋城正門と東門に菊人形を展示。

Visiting 🚢 名古屋を代表する観光名所
金のシャチホコが輝く
名古屋城へ

名古屋のシンボル

名古屋のシンボルといえば、金のシャチホコが輝く名古屋城。
西国大名たちの存在を感じさせる石垣や天守閣がある
本丸を守る櫓、国の名勝に指定された庭園など、
必見スポットが盛りだくさんの場内を散策しよう!

尾張徳川家の金鯱城

名古屋城 なごやじょう

MAP P123B2

慶長15年(1610)に徳川家康の
命により築城。天守閣に燦然と金
のシャチホコが輝き、別名「金鯱城
(きんこじょう、きんしゃちじょう)」とも
よばれる。古くは伊勢音頭で「尾張
名古屋は城でもつ」とまで謡われ、
日本三名城のひとつにも数えられ
る。現在の天守閣は昭和34年
(1959)に再建されたもの。

DATA ☎052-231-1700(名古屋城総
合事務所) 住名古屋市中区本丸1-1
交地下鉄名城線市役所駅7番出口か
ら徒歩5分 料500円 時9時〜16時30
分(本丸御殿入場は〜16時) 休年末
年始(イベント等により変更あり)

ソロタビPoint

ガイドボランティアと名古屋城をめぐる

ガイドボランティアが案内してくれる城内案内が人気。
正門もしくは東門にある「名古屋城観光ガイドボラン
ティア」の看板付近に集合すれば予約なしで楽しめ
る。時平日10時、13時30分／土・日曜、祝日9時30
分、11時、13時30分

2 表二之門
おもてにのもん

門柱、冠木ともに鉄板
張りで造られ、袖塀には
鉄砲狭間も設けられた
堅固な門。国の重要文
化財に指定されている

1 正門
せいもん

明治43年(1910)に
旧江戸城内の蓮池御
門を移築。その後、
空襲により焼失したた
め、天守閣とともに再
建された

48

4 清正石 きよまさいし

加藤清正が自ら音頭を取り、運んだと伝えられるが、石垣の施行大名は黒田長政

3 本丸御殿 ほんまるごてん

徳川家康の命により建てられた尾張藩主の住居・政庁。2018年6月に完成公開し、「玄関」「表書院」「対面所」「上洛殿」「梅之間」「湯殿書院」などを公開している →P18

5 天守閣 てんしゅかく

小天守と大天守からなる。大天守は地下1階、地上7階建て。日本100名城にも選定。2020年2月現在、内部見学はできない

6 名勝二之丸庭園 めいしょうにのまるていえん

国の名勝に指定される枯山水回遊式庭園。庭内には「二の丸茶亭」が立ち、趣ある亭内で一服してくつろげる

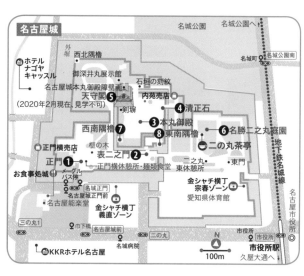

7 西南隅櫓 せいなんすみやぐら

正門からすぐに見える櫓で、天守と併せて写真に収められる撮影ポイント。大正10年(1921)の震災で石垣とともに倒壊したが、2年後に宮内省が修復。2010年からも修復を行い、現在は美しく蘇っている。

名古屋
おもてなし武将隊®

名古屋ゆかりの武将と陣笠が毎日名古屋城内で観光客をおもてなし。出陣は日替わり

8 東南隅櫓 とうなんすみやぐら

11あった隅櫓のうち現存する3基の櫓のひとつ。武具を収めていた櫓で、2階の出窓のように見える部分は石を落として進入を防ぐ「石落窓」になっている。

ひと休みスポット

二の丸茶亭 にのまるさてい

二之丸庭園を眺めながら抹茶で一服しよう。毎週金曜には座敷の金の茶釜で点てた抹茶をいただける。 ⏰9時〜16時30分

金箔入り抹茶 660円(菓子付)

金シャチ横丁でひとりごはん

名古屋の名店の味が集まる「義直ゾーン」、名古屋の食に新しい風を吹き込む「宗春ゾーン」と、食のエンターテインメントが楽しめるスポットとして2018年にオープン。名古屋城観光のあとはまっすぐココへ！ 季節ごとのイベントもお楽しみに。

ソロタビPoint

隣接する複合施設もぜひ

レストランやカフェ、ランニングステーションなどがある商業施設tonarino。名古屋城観光後の休憩にもぴったりだ。
- 🚃 宗春ゾーンから徒歩10分
- 🕐💰 店舗により異なる

2つのゾーンに分かれています

義直ゾーン
よしなおぞーん

MAP P123B2

ひつまぶしに味噌カツ、老舗和菓子店プロデュースの甘味が楽しめる茶屋まで、名古屋で必食の名物グルメの名店が12店舗集合。名古屋みやげが一堂に揃うショップもあって便利。

DATA ☎ 052-973-9011 📍 名古屋市中区三の丸1-2-3〜5 🚃 地下鉄名城線市役所駅7番出口から徒歩10分 🕐 10時30分〜名古屋城閉門30分後まで（閉門時間は時期により異なる）🈚 名古屋城の休業日に準じる

名古屋の鶏料理といえばこのお店

鳥開総本家
名古屋城金シャチ横丁店
とりかいそうほんけ なごやじょうきんしゃちよこちょうてん

MAP P123B2

ふんわりと玉子をまとった名古屋コーチンの親子丼は、全国丼グランプリで4年連続金賞に選ばれた逸品。素材はもちろん、職人による絶妙な玉子のとじ方など随所にまでこだわりが。

特選 名古屋コーチン親子丼1408円。ほか、手羽先や唐揚げも人気

DATA ☎ 052-218-2422

味噌の味に負けないほど、豆の風味が濃厚な田楽500円

豆腐の名店の味を食べ歩き

名古屋とうふ 河口
なごやとうふ かわぐち

MAP P123B2

創業70年以上の老舗豆腐店が作る田楽は食べ歩きにぴったり。大豆の濃厚なうま味が感じられるよせ豆腐などパック商品も販売。金箔をかぶせた贅沢なソフトクリームも話題だ。

DATA ☎ 052-231-8810

キラキラの金箔豆腐ソフトクリーム900円

金シャチ横丁わらび餅抹茶750円はもっちりとした食感が美味

醤油だれと甘だれのソースで楽しめる金シャチ横丁だんご850円

甘いものでひと休み♪

那古野茶屋
なごのちゃや

MAP P123B2

老舗和菓子店・両口屋是清がプロデュースする甘味処。この店のみで提供するオリジナルの和スイーツのほか、八丁味噌のビーフシチュー丼などの軽食も楽しめる。

DATA ☎ 052-212-7237

和モダンな店内。大袋のほか、みやげにぴったりの箱入りタイプもある

選ぶ楽しさがある

えびせんべいの里
えびせんべいのさと

MAP P123B2

香ばしさについ手がのびる約30種のえびせん1袋324円〜がズラリ。ほとんどが試食OKなので、好きな味を見つけたらおみやげや自宅用のおやつとして購入！

DATA ☎ 052-212-5188

牛100%自慢のbistroハンバーグはランチセット1430円〜

肉のうま味を
存分に味わおう
bistro那古野
びすとろなごや
MAP P123B2

つなぎを一切使わず牛肉だけを特殊な製法で焼き上げ、ステーキのような肉本来のうま味が味わえるbistroハンバーグが名物。ディナーには多彩な一品料理も用意。
DATA ☎052-212-7385

健康を重視したメニューが揃う
SHIROMACHI GRILL
しろまちぐりる
MAP P123B2

キヌアやワイルドライスなど体にやさしいスーパーフードを使ったメニューが自慢のスローフードイタリアンバル。地元の酒蔵と協力した日本酒カクテルも人気。
DATA ☎052-212-8448

こんな楽しみも！
金シャチ舞
金シャチ横丁を賑やかに練り歩く、「金シャチチンドン海泉社」による金シャチ舞。舞のあとは歴代の藩主の紹介が書かれたおみくじを配り歩くので、ぜひいただこう。不定期開催なので出合えたらラッキー。

宗春街道市
宗春ゾーンで毎月第2土・日曜の9時30分〜15時30分まで開催される市。食材や生活雑貨の店舗が並ぶほか、ワークショップなどもあり、見て歩くだけでもワクワク♪ ※7〜9月は16時〜の夜市に変更

宗春ゾーン
むねはるぞーん
MAP P123B2

次の名古屋を代表するグルメになるべく、新進気鋭の7店舗が並ぶゾーン。女性向きの健康を意識した店から男性が好むがっつり系ラーメン店までバラエティに富んでいる。
DATA ☎052-973-9011 ●名古屋市中区三の丸1-2-3 ❷地下鉄名城線市役所駅7番出口からすぐ ●11〜22時（土・日曜、祝日10時30分〜）※店舗により異なる ●名古屋城の休業日に準じる

見た目も美しい日本酒カクテル「清流」550円

VFGチーズやケールなど高ビタミンのピッツァ、Greeeeen1100円

名古屋B級グルメといえばコレ！
あんかけ太郎
あんかけたろう
MAP P123B2

「あんかけスパ」といえば名が挙がる人気店。定番のほか、旬の食材を使ったあんかけスパは約20種揃い、サイズもスモールからメガまで7パターンから選べる。
DATA ☎052-212-5554

ピリ辛ニラ玉（スモール）850円。プラス400円でメガサイズに変更可

SNS映えするメニューならココ！
CAFE DINER POP★OVER
かふぇ だいなー ぽっぷ★おーばー
MAP P123B2

写真映え抜群の、金シャチパフェ デゴザール1210円

中が空洞の自家製ロールパンに、レモン＆サラダチキンや特製ローストビーフなどをサンドしたポップオーバーサンドが看板メニュー。新感覚のチーズティーなど話題のメニューも豊富。
DATA ☎052-212-5560

6種のポップオーバーサンド540円〜はテイクアウトもOK

徳川園をのんびり散策

徳川園は尾張国の自然景観を表現した風情ある日本庭園。
四季折々に見せてくれる庭園美をゆっくり愛でてみよう。

広大で趣ある大名庭園

徳川園 とくがわえん

MAP P122D2

尾張徳川家の2代藩主・光友の隠居所
跡に造営された池泉回遊式の日本庭園。
季節の花々や、高低差のある地形や滝、
樹林、立体的な岩組などを生かして、自然
美を描き出した美しい庭園風景を見せてく
れる。隣接する徳川美術館と併せて、近
世武家文化を体感してみたい。

DATA ☎052-935-8988 🏠名古屋市東区
徳川町1001 🚃JR大曽根駅南口から徒歩
10分 💴300円 🕐9時30分〜17時30分(入
園は〜17時)※催事などにより変更あり 🏠
月曜(祝日の場合は翌平日)、12月29日〜1
月1日

❶ 黒門
くろもん

徳川園や徳川美術館の入口にある門。尾
張徳川家の邸宅の遺構で、武家の面影を
伝える総ケヤキ造りが厳か

❸ 龍仙湖
りゅうせんこ

海に見立てられた龍仙湖は、池泉回遊式庭園の中心的存在。
湖に浮かぶ島を渡って回遊できる

紅葉の見頃は?
例年11月下旬〜12月
上旬。この時期は混雑
するので、午前中に訪
れるのがおすすめ。

❷ 龍門の瀧
りゅうもんのたき

鯉が滝を登りきって龍になったとい
う登竜門伝説に基づく滝。20分
に一度、滝の水量が増す仕掛け

江戸下屋敷の龍門の瀧は、一
定の時刻になると激流に変わ
り、下流の飛び石を水に沈める
という趣向が凝らされていた。
園遊会に招かれた将軍や大名
たちが驚き、楽しんだという。

© 徳川美術館蔵

大曽根へ→

- フユボタン
- 牡丹園
- ウメ
- キンモクセイ
- 瑞龍亭
- 西湖堤
- ❸ 龍仙湖
- ガーデンレストラン
- 徳川園
- フユボタン
- 観南楼
- 蘇山荘 ⑪
- ❷ 龍門の瀧
- 黒門口
- 案内所
- タクシーのりば
- ❶ 黒門
- 徳川園事務所
- メーグルバス伊
- 南駐車場（バス専用）
- 名古屋市蓬左文庫
- 大曽根口
- 案内所
- ❼ 北駐車場
- キンモクセイ
- ボタン
- 菖蒲田
- 徳川園
- ハナショウブ
- ヒガンバナ
- ❹ 虎仙橋
- 虎の尾
- シャガ
- 徳川園ショップ葵
- 案内所
- 宝善亭⑪
- 四睡庵
- ツバキ
- ❺ 水琴窟
- ❻ 大曽根の瀧
- 徳川園北
- 徳川美術館北
- 徳川美術館 P54
- 春の花
- 夏の花
- 秋の花
- 冬の花

50m

徳川園

ソロタビ Point

庭園に隠された仕掛けを探そう

約2万3000㎡の広大な庭園には大名の遊び心がちりばめられている。水量が増す滝、水の音を楽しむ水琴窟など、仕掛けを探してみるのもひとつの楽しみだ。

❻ 大曽根の瀧
おおぞねのたき

小川を上った先にある落差6mの三段の滝。各段で岩組みが異なり、変化に富んだ水の流れを見せる

❺ 水琴窟
すいきんくつ

筧から流れ出る水が地中に埋めた甕と共鳴する、凛とした音色を静けさのなかで楽しむ

❹ 虎仙橋
こせんきょう

深山幽谷の渓谷美を表現した虎の尾に架かる檜造りの橋。橋の上からは虎の尾や龍仙湖を一望できる

CHECK!

秋にはライトアップも!

紅葉祭や観月会などライトアップイベントも開催（期間は要問合せ）

徳川美術館で大名文化を感じる

尾張徳川家の領地として文化的にも栄えた名古屋には、歴史的に貴重な品々も多く残されている。
武具や茶道具、奥道具など、雅な大名道具から当時の武士の暮らしに思いを馳せよう。

MAP P122D2

第四展示室
あかじしっぽうにやつでもんからおり
赤地七宝に八ツ手文唐織
【江戸時代 17世紀】

能装束を代表する唐織の装束。色糸や金銀糸を織り込み絢爛豪華

尾張徳川家の遺愛品を所蔵

徳川美術館 とくがわびじゅつかん

徳川家康の遺品をはじめ、初代義直から代々受け継がれた尾張徳川家の大名道具を収める美術館。国宝に指定される「源氏物語絵巻」や「初音の調度」を筆頭に、国宝9件、重要文化財59件と圧巻の収蔵を誇る。2〜4月に行われる「尾張徳川家の雛まつり」展をはじめ、さまざまな展覧会を開催。企画展により展示内容が異なるため、HPなどで随時確認を。

DATA ☎ 052-935-6262 🏠 名古屋市東区徳川町1017 🚃 JR大曽根駅南口から徒歩10分 💴 1400円 🕐 10〜17時（入館は〜16時30分）🚫 月曜（祝日の場合は翌平日）、12月中旬〜年始

第三展示室
名古屋城二之丸御殿の広間と上段の間の一部を復元して紹介。床の間、違い棚などに花生や香炉といった諸道具が飾りつけられている。

第三展示室
せいじこうろ めい ちどり
青磁香炉 銘 千鳥
【南宋時代 13世紀】

石川五右衛門が秀吉の寝所に忍び込んだ際に蓋の上の千鳥が鳴いたと伝わる

第二展示室
大名の間で流行し、競って蒐集された茶道具の数々を展示。展示室には名古屋城二之丸御殿にあった猿面の茶室も復元されている。

第二展示室
はくてんもく
白天目
【室町時代 16世紀】

室町時代の茶人・武野紹鴎が所持したと伝わる。国の重要文化財

第一展示室
武具や刀剣を展示。入ってすぐのスペースでは、大名家で行われていた「具足飾り」を再現する。10振の国宝を含む刀剣コレクションも圧巻。

第一展示室
くまげうえくろいとおどしぐそく
熊毛植黒糸威具足
【桃山〜江戸時代 16〜17世紀】

徳川家康が着用した具足。水牛の角をかたどった奇抜な兜が特徴

※紹介の作品は展示のない場合もあります

話題の名刀も所蔵！

名だたる刀剣が戦士の姿となった「刀剣男士」が登場する、現在配信中のPCブラウザ・スマホアプリゲーム「刀剣乱舞-ONLINE-」。徳川美術館ではキャラクターのもととなった名刀も所蔵。公開は不定期なので事前にチェックして出かけよう。

脇指 銘 吉光
名物 鯰尾藤四郎

重要文化財

脇指 無銘 貞宗
名物 物吉貞宗

ソロタビ Point

多彩な企画展も要チェック！

徳川美術館では年に7・8回、さまざまな企画展が開催される。企画展を目的にする場合は、案内板の順番とは逆にまわろう。常設展だけでもかなり広いので、まず企画展示室である蓬左文庫や第7～9展示室を先にまわるほうが効率がよい。

第六展示室
げんじものがたりえまき
源氏物語絵巻
【平安時代 12世紀】

現存最古の源氏絵の遺例。平安時代の宮廷内で制作された。国宝。第六展示室ではレプリカを展示

第六展示室

日本美術を代表する国宝「源氏物語絵巻」を紹介する展示室。常設は複製・映像での紹介のみだが、原本が展示されることも！

第五展示室

公的な場で用いる表道具に対し、大名の夫人たちが生活の場で使用した奥道具を紹介。婚礼の際の調度類や遊戯具などが並ぶ。

第四展示室

名古屋城二之丸御殿の能舞台を原寸大で復元した空間。演能に用いられた能面や、豪華な能装束、道具類などが展示・紹介されている。

ミュージアムショップ

おみやげをチェック！

🕐🈺 美術館に準ずる
（ショップのみなら入館料不要）

マーキングクリップ
各 550 円
葵紋、大名行列、雛ほかの5種類。ブックマークにもピッタリだ

小箱入キャンディ
各 650 円
所蔵品をモチーフにした和紙の小箱がかわいいキャンディ

第五展示室
はつねのちょうど
初音の調度
【江戸時代 寛永16年（1639）】

3代将軍家光の娘である千代姫が婚嫁する際に持参した調度。国宝

栄

古屋市科学館などミュージアム巡りも楽しめる。

やファッションビルが立ち並ぶほか、名古屋市美術館や名

若者が集まる名古屋のトレンド発信地。おしゃれなカフェ

ソロタビ PLAN

大人もワクワクする展示がたくさんの名古屋市科学館を見学したら、なごやめしを満喫。午後はおしゃれな栄ミナミエリアのカフェやショップを楽しみ、幻想的なシンボルへ向かう。

所要 **9時間**

 Start 　地下鉄 伏見駅

Solo tabi Plan

① 9:30
名古屋市科学館で
科学に親しむ
→P61

日本最大のH-ⅡBロケットを実物展示。実際の配線も残る

世界最大級のプラネタリウムのほか体験型展示も必見

② 12:00
山本屋総本家 本家で
味噌煮込みうどんを味わう
→P6

家庭料理だった味噌煮込みうどんを名古屋名物に育てた名店

赤味噌で煮込んだ牛すじも絶品

③ 14:00
栄ミナミのカフェで
ひと休み
→P58・64

カラフルなスイーツは写真を撮ってSNSにアップしよう

おしゃれなカフェが軒を連ねるエリア。ウインドーショッピングもおすすめだ

④ 16:00
デパートや地下街で
ショッピングを堪能
→P68

名古屋三越 栄店はトレンドアイテムが豊富

サカエチカのクリスタル広場は2019年11月にリニューアルした

⑤ 18:00
オアシス21の
夜景を堪能
→P62

2020年7月には名古屋テレビ塔がリニューアルオープン

デザイン都市・名古屋を代表する美しい近代建築の建物

Goal 　地下鉄 栄駅

ACCESS

- ■ 名古屋駅
  地下鉄東山線で3分
- ■ 伏見駅
  地下鉄東山線で2分
- ■ 栄駅
  地下鉄名城線で1分
- ■ 矢場町駅

- ■ 名古屋駅
  地下鉄桜通線で5分
- ■ 久屋大通駅

☎ 052-963-5252
オアシス21iセンター

MAP
P120〜121

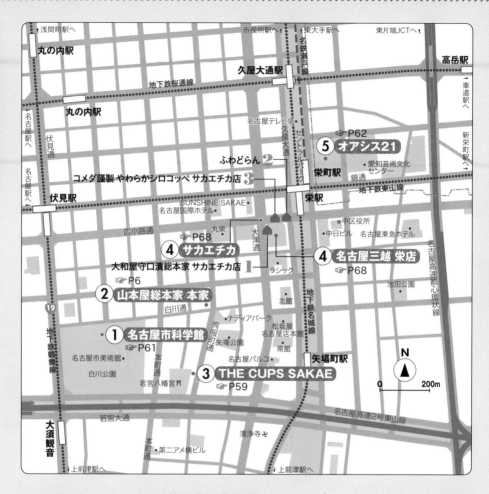

浅間町駅へ

丸の内駅

市役所駅へ　東大手駅へ　東片端JCTへ

久屋大通駅

高岳駅

地下鉄桜通線

丸の内駅

名鉄瀬戸線

名古屋テレビ塔

⑤ オアシス21　☞ P62

ふわどらん　②

栄町駅

愛知芸術文化
センター

車道駅へ

新栄町駅へ

コメダ謹製 やわらかシロコッペ サカエチカ店　③

伏見駅

SUNSHINE SAKAE
名古屋国際ホテル

地下鉄東山線

栄駅

錦通

広小路通

新栄

☞ P68

④ サカエチカ

大和屋守口漬総本家 サカエチカ店
☞ P6

中区役所

中日ビル　名古屋東急ホテル

④ 名古屋三越 栄店
☞ P68

池田公園

② 山本屋総本家 本家

白川通

北館

ナディアパーク

松坂屋
名古屋店本館

① 名古屋市科学館
☞ P61

名古屋市美術館

白川公園

矢場公園

南館

名古屋パルコ

矢場町駅

③ THE CUPS SAKAE
☞ P59

若宮八幡宮

N

0　　　200m

大須観音

若宮大通

名古屋高速2号東山線

清浄寺

第二アメ横ビル

上前津駅へ　　上前津駅へ

地下街の名古屋ものショップ

1 大和屋守口漬総本家 サカエチカ店

やまとやもりぐちづけそうほんけ さかえちかてん

MAP P120C2

職人が手間ひまかけ、足掛け3年かけて漬け込んだ守口漬をはじめ、豊富な漬物が揃う。その粕漬の技を生かした、粕炊き煮魚御膳が楽しめる食事処「八幸八」も併設。**DATA ☎** 052-971-5753 **住 交** サカエチカ（→P68）内 **時** 10～20時（12月31日、1月2～3日は～18時）、八幸八は11時～14時30分LO **休** サカエチカに準ずる

きざみ守口漬
120g 627円

2 ふわどらん

MAP P120C2

両口屋是清（→P71）のどら焼き専門店。中の餡を引き立てるため、皮はふわふわで甘さ控えめ。できたてをその場で味わうこともできる。**DATA ☎** 052-971-3315 **住 交** サカエチカ（→P68）内 **時** 10～20時 **休** サカエチカに準ずる

3 コメダ謹製 やわらか シロコッペ サカエチカ店

こめだきんせい やわらかしろこっぺ さかえちかてん

MAP P120C2

名古屋でおなじみの「コメダ珈琲店」が、自社工場で作るこだわりの「シロコッペ」を提供。常時約20種類を取り揃える。**DATA ☎** 052-211-7021 **住 交** サカエチカ（→P68）内 **時** 9～21時（日曜は～20時）**休** サカエチカに準ずる

Eating 🍴 & Shopping 👜 ハイセンスなお店が軒を連ねる最旬エリア

栄ミナミの
グルメ&ショップを巡る

名古屋を代表する繁華街、栄の南側は「栄ミナミ」とよばれ、おしゃれなカフェやショップが集結している。最新トレンドグルメやお気に入りアイテムをチェックしよう。

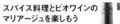

1 上質なアイテムが揃い、ギフト探しにもぴったり **2**「アトリエペネロープ」のスクエアバッグ4180円

雑貨から衣料まで幅広い品揃え

SEANT せあん

MAP P121B4

生活雑貨を中心に、ステーショナリーやアパレル、カメラ用品などさまざまなジャンルのものがズラリと並ぶ店内は圧巻。機能的でいて飽きのこないデザインや長く使えるアイテムばかりなので、お気に入りが見つかりそう。

DATA ☎052-261-4453 ⊕名古屋市中区栄3-34-41 ❖地下鉄名城線矢場町駅4番出口から徒歩5分 ⊕11～20時(水曜は～18時) ❻不定休

スパイス料理とビオワインのマリアージュを楽しもう

Laugh &
らふ あんど

MAP P121B4

世界のスパイスやハーブをふんだんに使った料理が自慢のスパイスバル&カフェ。ランチは自家製のデリ3種類とメイン料理、デザートにフリードリンク付き。ディナーはビオワインを片手にバルメニューを楽しもう。

DATA ☎052-249-8150 ⊕名古屋市中区栄3-35-17MIYATAKUⅢ2階 ❖地下鉄名城線矢場町駅4番出口から徒歩6分 ⊕11～16時、17～23時 ❻不定休

1 ビオワインが豊富。グラス550円～ **2** ドリンクとデザート付きのスペシャルデリプレート1540円

ソロタビPoint

イベントもチェック

毎年5月と10月には大津通を歩行者天国にするイベント、11月中旬～2月下旬には南大津通を彩るウインターイルミネーションを実施する。

2

1

フォトジェニックな美しいラテアートが◎

STREAMER COFFEE COMPANY SAKAE
すとりーまー こーひー かんぱにー さかえ

MAP P120C4

ピッチャーでミルクを注ぎながらアートを描く、フリーポア・ラテアートの有名店が東海エリアに初上陸。広々としたオープンキッチンがある開放的な空間が心地よいカフェで、おいしいラテをじっくり味わいたい。

DATA ☎052-746-9941 ⊕名古屋市中区栄3-28-30メルローズビル1階 ❖地下鉄名城線矢場町駅4番出口から徒歩4分 ⊕10時30分～20時(土・日曜10時～) ❻無休

1 ストリーマーミルクコーヒー630円とドーナツ390円 **2** 抹茶とホワイトチョコ入りのミリタリーラテ790円

栄ミナミ

boulangerie pâtisserie & ANTIQUUE 栄店へ
SWEN ・ナディアパーク
卍守綱寺
呉服町通
矢場公園
Bluezz&cheeK
STREAMER COFFEE COMPANY SAKAE
Laugh &
矢場町通
卍若宮八幡宮 SEANT pelican 名古屋店へ
卍政秀寺
THE CUPS SAKAE 矢場町
栄3 若宮大通 大津通
N 50m

58

小麦の香り豊かなベーカリー

boulangerie pâtisserie & ANTIQUE 栄店
ぷーらんじぇりー ぱてぃすりー あんど あんてぃーくさかえてん

MAP P121B3

愛知県発のベーカリー。看板商品はチョコチップがたっぷり入ったマジカルチョコリング。パン食べ放題のモーニング638円〜やランチ1276円〜も好評。

DATA ☎052-218-4809 ⊕名古屋市中区栄2-4-18岡谷鋼機ビル1階 ⊗地下鉄東山線・鶴舞線伏見駅4番出口から徒歩5分 ⊕8時30分〜20時(イートインスペースは〜18時30分) ⊕無休

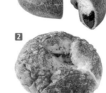

1 マジカルチョコリング605円 2 のび〜るとろりんチーズフランス539円 3 パンのほかケーキも販売

名古屋・三重に展開しているセレクトショップ

pelican 名古屋店
ぺりかん なごやてん

MAP P120C4

「着やすく・使いやすく・変わらない」をコンセプトに、レディスのデイリーウェアを提案する。シンプルな定番ウェアを中心に、年齢を問わず長く愛用できるアイテムが数多く揃う。

DATA ☎052-264-7338 ⊕名古屋市中区栄3-32-7 ⊗地下鉄名城線矢場町駅4番出口から徒歩1分 ⊕11〜20時 ⊕無休

1 奥行きのある店内 2 homspun天竺シリーズ半袖5500円〜 3 履くほどに足になじむオーロラシューズ2万9700円

カップルで楽しめるハイセンスな古着

Bluezz&cheeK
ぶるーずあんどちーく

MAP P120C4

アメリカとヨーロッパを中心にオーナー夫妻が買い付けた、1930〜80年代の良質な古着や服飾雑貨が揃う。ユニセックスで楽しめるアイテムが充実しているので、カップルや夫婦で訪れる人も多い。

DATA ☎052-242-8613 ⊕名古屋市中区栄3-28-127 ⊗地下鉄名城線矢場町駅4番出口から徒歩4分 ⊕13〜20時(土・日曜、祝日は12時〜) ⊕水曜

1 70〜80年代のヨーロッパ製のロングシャツ7344円 2 90年代の「Levi's」のデニムパンツ8424円 3 大人も楽しめるアイテムをラインナップ

話題のヘルシーな台湾スイーツが楽しめるカフェ

THE CUPS SAKAE
ざ かっぷす さかえ

MAP P121B4

名古屋市内に4店舗を構える人気カフェの栄店が、豆乳を使用した台湾の伝統的なスイーツ「豆花(とうふぁ)」専門店として2018年秋にリニューアル。バリスタが淹れるコーヒーやジェラートも変わらず楽しめる。

DATA ☎052-242-7575 ⊕名古屋市中区栄3-35-22 ⊗地下鉄名城線矢場町駅4番出口から徒歩6分 ⊕10〜23時(日曜、祝日は〜20時) ⊕無休

1 テラス席もある開放的な造り 2 カラフルな FRUITS TOUFA 990円

Visiting 🛥 アートや科学に親しむ
名古屋を代表する
3大ミュージアムへ

デザイン都市の名古屋には、お洒落なミュージアムがいっぱいある。美術館にプラネタリウムに、感性を磨くひとり旅に出かけよう。

ソロタビPoint

栄や大須観光と合わせて
3軒とも栄や大須エリアから徒歩圏内。観光に組み込むと効率よい。名古屋市科学館はすみずみまでまわると、1日コースなのでランチは館内がおすすめだ。

所蔵品約6300点！
世界的名作も多数あり

名古屋市美術館
なごやしびじゅつかん

MAP P121B4

地元出身の建築家・黒川紀章の設計による美術館。エコール・ド・パリ、メキシコ・ルネサンス、郷土の美術、現代の美術の4部門に沿って収集。じっくり鑑賞するなら金曜の夜がおすすめ。

DATA ☎ 052-212-0001 🏠 名古屋市中区栄2-17-25 白川公園内 🚇地下鉄東山線・鶴舞線伏見駅5番出口から徒歩8分 🎫常設展300円 🕐9時30分〜17時（祝日を除く金曜は〜20時）🚫月曜（祝日の場合は翌平日）

静かな空間で名画と向き合いたい

アメデオ・モディリアーニ《おさげ髪の少女》1918年ごろ

緑豊かな白川公園の中に立っている。国内外の現代彫刻など、屋外作品も多い

＼ ミュージアムグッズ ／

◎**ミュージアムショップ**
併設のショップでは、所蔵作品の『おさげ髪の少女』をモチーフにしたツボ押しや、ミニスタンプセットが人気。

ミニステンペル
「circus」セット
1375円

おさげツボ押し
1100円

ひとあしのばして

弥生人の死生観を示す『舟形木棺』（弥生時代中期）

現存最古の『長篠合戦図屏風』（江戸時代前期）

緑豊かな庭園は市民の憩いの場

ものづくりの名古屋を象徴する『G型自動織機』（大正13年特許）

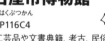

尾張の歴史や
文化を紹介する歴史博物館

名古屋市博物館
なごやしはくぶつかん

MAP P116C4

美術工芸品や文書典籍、考古、民俗に関する資料など、約1000点の資料や映像で、尾張の歴史や文化についてわかりやすく紹介。年5回ほど、展覧会が開催される。

DATA ☎ 052-853-2655 🏠 名古屋市瑞穂区瑞穂通1-27-1 🚇地下鉄桜通線桜山駅から徒歩5分 🎫常設展300円 🕐9時30分〜17時（入場は〜16時30分）🚫月曜（祝日の場合は翌平日）、年末年始

圧巻の映像や実験で科学のすごさを体感

名古屋市科学館

なごやしかがくかん

MAP P121B3

世界最大級のドームに最新鋭投影機を使って星空を描き出すプラネタリウム「Brother Earth」が目玉。高さ9mの竜巻を人工的に発生させる「竜巻ラボ」など、驚きの実験を体感できる大型展示も人気だ。

DATA ☎052-201-4486 **住**名古屋市中区栄2-17-1 芸術と科学の杜・白川公園内 **交**地下鉄東山線・鶴舞線伏見駅4・5番出口から徒歩5分 **料**展示室とプラネタリウム800円ほか **時**9時30分～17時 **休**月曜(祝日の場合は翌平日)、第3金曜(祝日の場合は第4金曜)、年末年始

プラネタリウムは1日6回投影される。所要50分

H-ⅡBロケット

日本で展示される大型ロケットの実物展示としては最大。実際に宇宙に行ったロケットと同じ構造の試験機をJAXAから譲り受けたもの。実は、世界でもトップクラスの成功率を誇るロケットだ。屋外展示のため、自由に見学できるのもうれしい

屋外展示ひろば

5階には宇宙から戻ってきたパーツが展示されている

巨大な球体内が世界最大級のプラネタリウム

迫力満点の竜巻ラボ。1日3回(土・日曜、祝日は4回)、所要15分。スタッフが風船や風車を使ってわかりやすく解説

理工館 2・3階 水のひろば

地球における水の循環を表現した展示で、雲から雨が降り、川になって海に流れ込む様子を20tもの水を使って再現。

実施 1日7回	
整理券 不要 **所要** 5分	

＼ミュージアムグッズ／

◎ミュージアムショップ「SO-NANDA!」

オリジナルアイテムから宇宙・天文グッズ、実験・工作キットまで、約2000点ものグッズが揃う。思わず「そうなんだ!」と口にしてしまうような、好奇心あふれるショップ。オリジナルアイテムは今後どんどん増加する予定。(→ P83)

オリジナルの星座早見盤1100円

オリジナルのクリアファイル元素記号ロッカー柄 280円

＼カフェでひと休み／

◎ KEY'S CAFE 名古屋市科学館店

ネルドリップで丁寧に抽出する、香り高いまろやかな氷温熟成珈琲350円が人気。軽食やデザートの種類も豊富に揃う。カフェだけの利用も可。

ボロネーゼ 750円、カフェモカ400円

＼ミュージアムグッズ／

◎ミュージアムショップ

尾張藩士の記録魔・高力猿猴庵の作品を紹介する『猿猴庵の本シリーズ』が人気。北斎の大だるま絵や、東海道の風景など。

各巻1200円

栄で空中散歩を楽しむ

1989年に「デザイン都市宣言」をし、街づくりをしてきた名古屋。栄にはそれを象徴するタワーや観覧車、ガラスの屋根など幻想的なシンボルがある。巡りながら歩いて夜景散歩を楽しもう。

独創的な
デザインの
フォトスポット

ソロタビPoint

**訪れる時間帯を考えて
ルートを組もう**

栄エリアは夜景がきれいなので夕方以降に訪れるのがおすすめ。早い時間に大須観光をしてその後歩いて向かうのも◎。

ガラスの大屋根
「水の宇宙船」

地上14mの空中に浮かぶガラス張りの屋根。中心には水が張られ、その外周200mを散歩できる

「水の宇宙船」
へのエレベーター

シースルーエレベーターで屋上にある水の宇宙船へ

「水の宇宙船」の
真下にある
「銀河の広場」

地下の銀河の広場にはショップが並ぶ。毎週さまざまなイベントが開催されている

幻想的な光の床
「記憶の路」

なだらかな芝生の斜面には、夜になると光輝く歩行帯が現れる

居心地のよい都心のオアシス

オアシス21

おあしすにじゅういち

MAP P120C2

近代建築の美しいデザインと緑が描く都心のオアシスを体現した公園。シンボル「水の宇宙船」と花や樹木を配した「緑の大地」、吹き抜けの「銀河の広場」ではさまざまなイベントを開催。その周りにはファッションやグルメなど約30のショップが軒を連ねる。日没後、季節や時間帯によってさまざまな色にライトアップされ、フォトジェニックスポットに。

DATA ☎ 052-962-1011 ⊕名古屋市東区東桜1-11-1 ⊗地下鉄東山線・名城線栄駅4A出口に直結 ⑯銀河の広場6〜23時、水の宇宙船10〜21時、サービス店舗は〜20時、飲食は〜22時、物販は〜21時 ※店舗により変動あり ⑯無休（店舗は1月1日、年2回点検時）

市民に長く愛される名古屋のシンボル

名古屋テレビ塔

なごやてれびとう

MAP P120C1

日本初の集約電波塔として昭和29（1954）に誕生。全国で初めて有形登録文化財になったことでも知られ、名古屋の街を代表するシンボルタワーとして君臨しているが、2019年1月から耐震改修工事のため現在休業中、ライトアップも中止している。リニューアルオープンは2020年7月の予定。

DATA ☎052-971-8546（工事期間中は☎052-325-2951） ⊕名古屋市中区錦3-6-15 ◎地下鉄東山線・名城線栄駅3・4番出口から徒歩3分 ※料金、営業時間、休業日は変更の予定

とんがりタワーは栄のシンボル

青空にそびえる名古屋テレビ塔は多くの人に愛されている

同時に久屋大通公園も整備中。オープンが待ち遠しい（※イメージ）

夜の観覧車は特にロマンチック

シンボルの観覧車Sky-Boat。乗車1名500円、12時～21時45分最終搭乗（日曜、祝日11時～、土曜11時～22時45分最終搭乗）

名古屋のエンタメの中心地

SUNSHINE SAKAE

さんしゃいん さかえ

MAP P120C2

高さ52m、直径40mの大型観覧車を有する複合施設。アミューズメント施設や飲食店など多彩な店が集結し、SKE48劇場も入っている。名古屋のエンタメを知るなら見逃せない。

DATA ☎052-310-2211 ⊕名古屋市中区錦3-24-4 ◎地下鉄東山線・名城線栄駅8番出口直結 ⊕7～24時（店舗により異なる） ⊛不定休（店舗により異なる）

景色を楽しみながら歩こう

新スポットとしてリニューアル

栄キタ さかえきた

名古屋テレビ塔を含む久屋大通公園は現在整備中で、2020年にリニューアル予定。西側にある錦3丁目は名古屋を代表する繁華街だ。

多彩なショップが揃う新スポットとして整備中の久屋大通公園（※イメージ）

ソロタビグルメ

名古屋の喫茶文化を楽しめる老舗喫茶店からおしゃれな最新カフェまで栄のカフェを幅広くご紹介。散策の休憩にはもちろん、ランチ利用もおすすめ。

おしゃれな空間で素材にこだわったメニューを

Maison YWE
めぞん いー

MAP P121B3

契約農家から仕入れる新鮮な野菜や厳選した素材をふんだんに使い、管理栄養士が考案した体にやさしいメニューを提供。食事からスイーツまでメニューが充実しているのでシーンに合わせて利用できる。**DATA** ☎052-684-7486 ⊕名古屋市中区栄3-23-9 2階 ⊗地下鉄名城線矢場町駅6番出口から徒歩7分 ⊛11時30分〜17時30分LO(土・日曜、祝日11時〜21時45分LO) ⊛無休

カウンター席 あり

1 おしゃれで居心地のよいカフェ 2 チーズケーキ715円は、リピーターが続出 3 キッシュランチ1320円

断面美がたまらないスムージー&パフェ

THE MID WEST CAFÉ
ざ みっど うえすと かふぇ

MAP P120C2

外の喧騒を忘れて過ごすことができる、都会のオアシス。店内にはヴィンテージソファや椅子などオーナーこだわりの家具が揃い、席ごとにすべて違うのもおもしろい。ボリューミーでありながらヘルシーな食事メニューも人気。**DATA** ☎052-953-1055 ⊕名古屋市中区錦3-17-11ミッドウエスト4階 ⊗地下鉄東山線・名城線栄駅1番出口から徒歩1分 ⊛11時30分〜20時(土曜11時〜、日曜11時〜19時30分) ⊛無休

カウンター席 なし

1 老舗アパレルセレクトショップミッドウエストの4階 2 ココナッツパフェ880円。ココナッツミルクの氷にミニタピオカやマンゴーゼリー、フルーツがたっぷりで栄養も満点

気軽に本玉露抹茶を楽しめる専門店

茶々助
ちゃちゃすけ

MAP P120C3

「本物の抹茶のおいしさを知ってもらいたい」との思いで店主がオープン。作法にとらわれず本格的な抹茶をいただけるほか、西尾や宇治など上質な抹茶で作るスイーツも用意。夏期限定のかき氷も人気。**DATA** ☎052-212-5725 ⊕名古屋市中区栄4-15-9食べるテラスSAKAE1階 ⊗地下鉄東山線・名城線栄駅13番出口から徒歩3分 ⊛11〜20時 ⊛水曜

カウンター席 あり

1 ドリンクが選べる抹茶ティラミスセット890円〜。抹茶を入れる茶道具「棗(なつめ)」の蓋を開ければ、濃厚なティラミスが 2 全国的にも珍しい本玉露抹茶専門カフェ

自家製クリームがのった絶品ウインナーコーヒー

べら珈琲 栄店

べらこーひー さかえてん

MAP P121B2

名古屋においてウインナーコーヒーの先駆けとして知られる名チェーン。コーヒーに「ポンッ」とのるクリームは毎日店で泡立てる自家製で、フレッシュな甘さにファンも多い。**DATA** ☎052-951-8658 ⊕名古屋市中区錦3-21-18 中央広小路ビル1階 ⊗地下鉄東山線・名城線栄駅8番出口から徒歩6分 ⊕7時30分〜17時LO ⊛日曜

`カウンター席` あり

1 金鯱や金のカップが並んでゴージャス **2** ウインナーコーヒー520円。生クリームのほのかな甘みが、炭焼きコーヒーの苦みに引き立てられ美味

都心の喧騒とは無縁の老舗コーヒー専門店

西原珈琲店 栄店

にしはらこーひーてん さかえてん

MAP P120C2

注文ごとに豆を挽き、一杯ずつ抽出する炭焼きコーヒーが味わえる。「豆は鮮度が大切」と、週に2回必要な量だけを仕入れている。ブレンド600円。豆は購入もできるがブレンド以外は予約がベター。手作りのチーズケーキ500円なども人気。**DATA** ☎052-951-3485 ⊕名古屋市中区錦3-15-23 ⊗地下鉄東山線・名城線栄駅2番出口から徒歩1分 ⊕10〜22時 ⊛無休

`カウンター席` あり

1 スペシャルブレンド600円とベイクドチーズケーキ「ダイゴ」500円 **2** ビルの細い通路の奥にある隠れ家のような店

進化系ビストロカフェ

bistro cafe THE FLOWER TABLE

びすとろ かふぇ ざ ふらわー てーぶる

MAP P120C2

味だけでなく遊び心あふれるビジュアルも話題のカフェ。地元の人気店とコラボしたメニューもあるので要チェック。**DATA** ☎052-252-1525 ⊕名古屋市中区栄3-5-1名古屋三越 栄店3階 ⊗地下鉄東山線・名城線栄駅16番出口または地下街6番出口直結 ⊕10〜20時(19時30分LO) ⊛不定休(名古屋三越 栄店に準じる)

`カウンター席` あり

洋梨ソーダフロートローズグラッセ891円(右)、ハイビスカス&ローズレモネード801円(左)

ふわもこの癒やし系メニューがズラリ

Light Cafe 栄店

らいと かふぇ さかえてん

MAP P120C3

名古屋に4店舗を構える人気カフェ。広い店内には数種の異なる椅子やソファが並び、思い思いにくつろげる。ラテアートOKのドリンクは16種類。トッピングが楽しいライトカフェシェイクもフォトジェニックだ。**DATA** ☎052-269-1633 ⊕名古屋市中区栄3-27-27 3階 ⊗地下鉄名城線矢場町駅5番出口から徒歩3分 ⊕11〜22時(21時30分LO) ⊛不定休

`カウンター席` なし

矢場公園に面したガラス張りのビル

北欧テイストのカフェ

NORDIC STYLE CAFÉ

のるでぃっく すたいる かふぇ

MAP P120C3

北欧系のインテリアが配された素敵なカフェ。自家製サンドイッチやパティシエが作るスイーツが評判。ノルウェーの人気店「フグレン」のコーヒー豆を使ったコーヒーが飲める。**DATA** ☎052-251-1790 ⊕名古屋市中区栄3-18-1ナディアパーク クレアーレデザインセンタービル地下1階 ⊗地下鉄名城線矢場町駅6番出口から徒歩5分 ⊕11〜20時 ⊛不定休

`カウンター席` あり

ライ麦パンを使用した北欧のオープンサンド、スモーブロー620円

ソロタビグルメ

名古屋随一の繁華街には昼も夜も絶品グルメが楽しめる店が豊富。なごやめしやトレンドグルメなど、ひとりでも気軽に入れるお店を厳選。

良質な黒毛和牛をリーズナブルに

ハンバーグ&ステーキ 黒毛和牛腰塚 サカエチカ店

はんばーぐあんどすてーき くろげわぎゅうこしづか さかえちかてん

MAP P120C2

黒毛和牛専門の仲卸業者直営店。塩こしょうのみで仕上げた黒毛和牛100%のハンバーグ、A4ランクのウチモモを使用したステーキのほか、ローストビーフやコンビーフも人気だ。**DATA** ☎052-211-7028 ⊕名古屋市中区栄3-4-6サカエチカ内 ⊗地下鉄東山線・名城線栄駅直結 ⑱11〜21時 ⑭不定休

カウンター席 なし

① 腰塚ステーキ（60g）&タルタルハンバーグ2860円。ソースは和風おろしかデミグラスから選べる ② 落ち着いた空間で気軽に黒毛和牛が味わえる

クラフトビール×肉の最強コラボレーション

BARLEY WHEAT 栄

ばーれい うぃーと さかえ

MAP P120C4

国産クラフトビール専門店。樽が空いたら種類を入れ替えるので、行くたびに新しい出合いがある。豪快な肉料理をはじめ、石釜で焼く本格ピッツァ650円や、リブロースステーキ1600円も人気。**DATA** ☎052-249-8885 ⊕名古屋市中区栄3-25-19グロースフードビル1階 ⊗地下鉄名城線矢場町駅4番出口から徒歩5分 ⑱16〜23時（22時30分LO）、土・日曜、祝日11時30分〜（ランチなし）⑭不定休

カウンター席 あり

ピッツァやサラダなどクラフトビールと相性抜群の料理が揃う

真ん中に満月が浮かぶボリューム満点ローストビーフ

café&wine Mamma Mia LABORATORYなんてこった研究所

かふぇあんどわいん まんま みーあ らぼらとりー なんてこったけんきゅうしょ

MAP P120C3

ビルの4階に位置する隠れ家カフェ&バー。「なんてこった！」と驚くような、オリジナリティあふれるメニューが揃う。ソムリエ&ワインエキスパートが厳選した豊富な種類のワインを気軽に楽しめるのも魅力。**DATA** ☎080-8165-1439 ⊕名古屋市中区栄3-14-30ミウラビル4階 ⊗地下鉄東山線・名城線栄駅16番出口から徒歩5分 ⑱11〜24時 ⑭月曜（祝日の場合は火曜）

カウンター席 あり

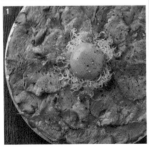

① 国産牛の自家製ローストビーフ〜卵黄のせ〜972円。贅沢に国産牛を使用したローストビーフがお皿にぎっしり！ やわらかく、肉そのもののうま味と甘みが味わえる ② 店内に浮かぶ大きな満月が目印

カットするとあふれ出すとろとろチーズに溺れそう

Love&Cheese!!

らぶあんどちーず!!

MAP P120C3

国内外から取り寄せた約12種類ものチーズをメニューによって使い分ける、チーズ好きのためのチーズ料理専門店。すでにSNSで話題の「シカゴピザ」や八丁味噌を使った「名古屋フォンデュ」など、20種類以上もの進化系チーズ料理を楽しむことができる。**DATA** ☎052-238-0775 ⊕名古屋市中区栄3-6-1ラシック7階 ⊗地下鉄東山線・名城線栄駅16番出口から徒歩1分 ⑱11〜23時 ⑭不定休

カウンター席 なし

① シカゴピザ2750円。2種類のチーズとベシャメルソース、ミートソースがたっぷり！ 17時から注文できる数量限定メニュー ② 奥には個室も完備。平日でも行列ができる人気ぶりだ

アメリカンポップな空間で楽しむこだわりの本格バーガー

LIGHTNING BURGER
らいとにんぐ ばーがー

MAP P120C3

こだわりのバーガーを気軽に楽しんでもらいたい、という思いから豊富なサイズや価格設定を選べるメニューが魅力。ライトニングシリーズの商品は、無添加オリジナルバンでボリューミーな150g以上のパティをサンド！ **DATA** ☎052-249-4777 ⊕名古屋市中区栄3-27-27スープラム1階 ⊗地下鉄名城線矢場町駅5番出口から徒歩3分 ⊕10～21時 ⊛無休

カウンター席 なし

① ライトニングテキサスバーガーセット150g 1290円。USビーフ100％の肉汁あふれるバーガーをセットで② 天井が高く、広々とした店内

ワインに合うよう、甘さ控えめ

おでん&ワイン カモシヤ
おでんあんどわいん かもしや

MAP P120C2

ソムリエのオーナーが手がけ、「ワインに合うスジ煮（どて煮）」を名古屋で広めた立役者。シジミとスジ肉からとっただしに豆味噌を加えた味噌ダレで煮るおでんは、砂糖を入れないサラリとした味。 **DATA** ☎052-963-6730 ⊕名古屋市中区錦3-16-8森万ビル1階 ⊗地下鉄東山線・名城線栄3番出口からすぐ ⊕16時ごろ～23時LO ⊛日曜（ハッピーマンデー時は日曜営業、月曜休）

カウンター席 あり

① おでん盛合せ（玉子、大根、ごぼう天、ちくわ、こんにゃく）803円。老舗・ナカモの名古屋味噌を使用。風味は濃厚だが、エグミや重さはなく、ワイン550円～ともぴったり② 町家風の造りで、女性も入りやすい

深みのあるタレが絶品

伍味酉本店
ごみとり ほんてん

MAP P121B3

手羽先やどて味噌串カツなど、昔ながらのなごやめしが数多く揃う老舗居酒屋。常連客も観光客もお目当てはやはり手羽先。スパイスの利いた大人向けの味わいに舌と心がしびれる！ **DATA** ☎052-241-0041 ⊕名古屋市中区栄3-9-13 ⊗地下鉄東山線・名城線栄8番出口から徒歩5分 ⊕17時～午前5時 ⊛無休

カウンター席 あり

国産 手羽先の唐揚げ1人前3本495円。たまり醤油を使って甘辛く仕上げたタレに、黒こしょうや白ゴマの風味が香る手羽先

梅茶漬けでシメるひつまぶし

ひつまぶし花岡
ひつまぶしはなおか

MAP P120C3

表面はカリッと、中はふっくらとした肉厚のウナギが堪能できる名店。丁寧に炊き上げた地元愛知産の米と、ぎっしりと詰められたボリューム満点のウナギは相性抜群。オリジナルブレンドの自慢のタレも絶品。シメはおすすめの「梅茶漬け」でシメよう。 **DATA** ☎052-252-2733 ⊕名古屋市中区栄3-8-115 ⊗地下鉄東山線・名城線栄駅地下街8番出口から徒歩5分 ⊕11～15時、18～22時 ⊛月曜

カウンター席 あり

上ひつまぶし（一尾）4428円

黒豚料理の定食はボリューム満点

泰山
たいざん

MAP P120C4

厳選した上質な肉を丁寧に調理した定食が楽しめる店。各定食に国産100％のとろろ、麦入りごはん、豚汁、ミニサラダが付き、ヘルシーでボリューム満点。土・日曜もランチメニューを提供している。 **DATA** ☎052-249-0370 ⊕名古屋市中区栄3-28-119 ⊗地下鉄名城線矢場町駅4番出口から徒歩3分 ⊕11時30分～14時30分、17時30分～21時（日曜、祝日は～20時30分） ⊛水曜、第3火曜

カウンター席 なし

黒豚バラ生姜焼定食1000円

栄周辺の
立ち寄りSPOT

2019年にリニューアルした地下街をはじめ、百貨店が軒を連ねる栄。グルメやショッピングを楽しんだあとは、草花に囲まれた庭園でのんびりしよう。

📷 トレンドを発信する複合商業施設

ラシック
らしっく

MAP P120C3

ファッションやインテリア、グルメなど約150店舗が勢揃い。名古屋では初出店となるブランドやセレクトショップも多く、女性を中心に支持。レストランフロアには名古屋グルメや人気店が集まっている。**DATA** ☎052-259-6666 🏠名古屋市中区栄3-6-1 🚇地下鉄東山線・名城線栄駅16番出口から徒歩1分 🕙11〜21時(7・8階は〜23時) 🈺不定休

1 1階のラシックパサージュではイベントも開催 **2** 名古屋三越 栄店とは連絡通路で結ばれる

📷 都会に広がるカラフルなガーデン

久屋大通庭園フラリエ
ひさやおおどおりていえんふらりえ

MAP P124B2

ハーモニーガーデンやアジアンガーデン、フォレストガーデンなど6つのテーマをもつ庭園。四季折々の花や緑を中心に自然を感じながら、水辺や温室などをゆったり散策できる。併設する建物内にはレストランやカフェ、ショップもあり、さまざまな教室やイベントも開催している。**DATA** ☎052-243-0511 🏠名古屋市中区大須4-4-1 🚇地下鉄名城線矢場町駅4番出口から徒歩3分 💰入園無料 🕙9時〜17時30分(施設により異なる) 🈺12月1日、1月1日

1 噴水のある池を周遊できるウォーターガーデン **2** フラリエカフェは季節のフルーツタルトがおすすめ

📷 クリスタル広場を中心に広がる

サカエチカ
さかえちか

MAP P120C2

栄交差点の下に広がる地下街。グルメやファッション、雑貨など多彩なショップが並び、名古屋ではここでしか味わえない注目グルメも。2019年11月には開業50周年を迎え、定番の待ち合わせスポット・クリスタル広場も一新された。**DATA** ☎052-962-6061 🏠名古屋市中区栄3-4-6 🚇地下鉄東山線・名城線栄駅に直結 🕙店舗により異なる 🈺2・8月に各1日

より快適になったクリスタル広場

📷 創業400年を超える地元の老舗

松坂屋名古屋店
まつざかやなごやてん

MAP P120C3

本館地下1・2階の「ごちそうパラダイス」には、名古屋名物から老舗店まで揃う。食品店ブランド数は150を超え名古屋最大級。**DATA** ☎052-251-1111 🏠名古屋市中区栄3-16-1 🚇地下鉄名城線矢場町駅地下通路直結(5・6番出口) 🕙10時〜19時30分(南館地下2〜3階、本館地下2〜3階、北館1〜3階は〜20時) 🈺不定休

名古屋を代表する老舗デパート

📷 ハイセンスな品揃えが魅力

名古屋三越 栄店
なごやみつこし さかえてん

MAP P120C2

栄の交差点に面し、地下街とも連結している。服飾品はトップブランドが揃い、地下には多彩なスイーツやパン、惣菜が揃う。全国の銘菓が揃うセレクトショップも要チェック。**DATA** ☎052-252-1111 🏠名古屋市中区栄3-5-1 🚇地下鉄東山線・名城線栄駅16番出口または地下街6番出口直結 🕙10〜20時 🈺不定休

名古屋の流行を常にリードする百貨店

🛍 カラーバリエーションも豊富なオリジナルの器

make my day
めいく まい でい

MAP P120C1

吹き抜けの店内に約800点の焼物が並ぶ。注目はオーナーがデザインし、瀬戸焼の職人が作るというオリジナルブランド「m.m.d.」。釉薬を掛け分けて色づけした六角形の器は、並べるとハチの巣のようにピタリと収まる。飯碗や豆皿、土鍋、急須など、ラインナップも豊富。**DATA** ☎052-684-6682 ⊕名古屋市中区錦3-6-5コインズビル1階 ⊗地下鉄桜通線・名城線久屋大通駅3番出口からすぐ ⊕11〜20時 ⊛水曜

① 使い勝手とデザイン性を重視したさまざまな食器が並ぶ ② 「m.m.d.」の取り皿1枚1375円。釉薬の掛け方や色の違いなど全28種類 ③ オーナーの岡上さん ④ ファッションの町・栄の中心部にある隠れ家的なショップ。焼物の古き良き味わいを残しつつも、現代風のデザインを取り入れた器が人気を集めている。全国に配送でき、箱やのしもあるのでギフトにもおすすめ

🛍 大切に使いたい厳選アイテム

THE APARTMENT STORE
あぱーとめんと すとあ

MAP P120D4

名古屋で古着やアンティーク家具を扱う「マジックチルドレン」が手がけるショップ。アメリカで買い付けてきたメンズ&レディスの衣類からアクセサリー、食器、雑貨などを数多くラインナップ。ここでしか手に入らないレアなブランドをはじめ、古材を使ったオリジナル家具にも注目。**DATA** ☎052-212-7663 ⊕名古屋市中区栄5-23-9 ⊗地下鉄名城線矢場町駅3番出口から徒歩6分 ⊕12〜20時(土曜11〜19時、日曜11〜18時) ⊛不定休

掘り出し物を探しておみやげにしよう

🛍 あなただけの一点ものを探しに

CECILIA
せしりあ

MAP P121B1

洋服のアトリエショップ。配色や素材づかいが魅力的なオリジナルの洋服のほか、手作り作家のアクセサリーや帽子などが揃う。サイズを合わせて50種以上の生地から選べるカスタムオーダーパンツ1万6800円〜も人気。**DATA** ☎052-971-2510 ⊕名古屋市中区丸の内3-22-10 ⊗地下鉄名城線・桜通線久屋大通駅1番出口から徒歩5分 ⊕12時〜19時30分 ⊛日・水曜

清潔感のある店構え。セミオーダーも可

🛍 大人かわいいワンピース専門店

ワンピースクローゼット
わんぴーすくろーぜっと

MAP P120C3

普段着から結婚式、会食、保護者会等フォーマルまで、5000円前後とプチプラなのに高見えするデザインが揃う。オーナーが海外で買い付けた一点ものが多く、県外の客も足を運ぶ隠れ家的な店。サイズはS〜LL、マタニティも。20〜50代と幅広い客層に支持されている。**DATA** ☎052-242-7661 ⊕名古屋市中区栄3-7-5栄長谷川ビル4階 ⊗地下鉄東山線・名城線栄駅地下街8番出口から徒歩3分 ⊕12〜19時 ⊛水曜(祝日の場合は営業)

色とりどりのかわいいワンピースが並ぶ

歴史を感じさせる伝統の味わいにうっとり

老舗和菓子店の銘菓6選

尾張徳川家時代、文化・文政期には名古屋で茶の湯が大流行。
茶道とともに花開いた和菓子文化を感じさせる銘菓をおみやげにぜひ。

ソロタビPoint

デパ地下で購入できることも

有名店は曜日や期間限定で百貨店に出店していることが多い。わざわざ本店に足を運ばずに済み効率がよいので、ぜひチェックしてみよう。

わらび餅 1個310円
こし餡をわらび餅で包み、きな粉をまぶしてある。10〜6月限定。購入は予約が確実
ここでも買える！→ P37**C**など

季節の生菓子
1個310円〜

こちらも！

徳川園周辺
口の中でさらりと溶ける
季節限定のわらび餅を

御菓子所 芳光 おかしどころ よしみつ

MAP P122D2

吟味した材料を使い毎日早朝から作る京菓子舗。試行錯誤を重ね、とろけるなめらかさを生み出した「わらび餅」や、つぶ餡がたっぷり入った羽二重餅310円が看板商品。店頭販売のみだが、曜日限定で市内百貨店でも購入できる。

DATA ☎052-931-4432 **住**名古屋市東区新出来1-9-1 **交**名鉄瀬戸線森下駅から徒歩13分 **時**9〜18時 **休**日曜

こちらも！

ゆららいろ
620円（イートインのみ）

栄
モダンな和カフェで
和菓子の新境地を体感

緋毬 ひまり

MAP P120C2

伝統を守りつつ現代に合うお菓子を、ういろの名店「大須ういろ」が立ち上げた新店。プリンのようなういろなど、和洋が融合した新感覚のスイーツを提案。茶房では寒天をくずぎり風にした薄氷寒670円、ティラミスのかき氷870円（通年あり）などを味わえる。 →P17

どら巻き 1巻281円
特製のもっちり生地のどら焼きを食べやすい形にアレンジ。こし餡とつぶ餡がある

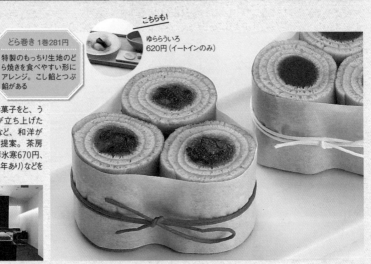

桜山

和の伝統と美しさを
現代の意匠で蘇らせる

花桔梗 （はなききょう）

MAP P115B3

尾張徳川家ご用達の和菓子店「桔梗屋」の技術を受け継ぐ由緒ある店。名店の和菓子の味を再現し、伝統を守るとともに、洋菓子の手法やフルーツを用いたモダンな和菓子も意欲的に創作している。

DATA ☎052-841-1150 ⓐ名古屋市瑞穂区汐路町1-20 ⓧ地下鉄桜通線桜山駅4番出口から徒歩12分 ⓣ10〜19時 ⓗ元日

> **千なり**
> 5個820円
>
> 大納言小豆を使った小豆粒あん、国産白小豆入り紅粒あん、愛知産抹茶の抹茶あんの3種類ある
>
> ここでも買える！
> → P37©など

花どら 173円

> **寒氷**
> 1箱43個1296円
>
> やわらかな寒天を干し固めた伝統的な干菓子。外はシャリシャリ、中はゼリーのよう。
>
> ここでも買える！
> → P37©など

こちらも！

こちらも！

栄

名古屋で最も歴史の古い
和菓子一筋の老舗

両口屋是清 栄店 （りょうぐちやこれきよ さかえてん）

MAP P120C3

寛永11年(1634)創業、尾張藩の御用を務めた老舗。豊臣秀吉の馬印である千成瓢箪を刻印した「千なり」と、大納言小豆の棹菓子「をちこち」1棹1512円は、名古屋を代表する手みやげとして知られている。

DATA ☎052-249-5666 ⓐ名古屋市中区栄4-14-2 久屋パークビル1階 ⓧ地下鉄東山線・名城線栄駅13番出口から徒歩1分 ⓣ9〜18時 ⓗ水曜、元日

季節の棹菓子
沢の翠
半棹810円
(4月下旬〜
8月下旬)

> **菊最中**
> (小)108円(大)162円
>
> 賞味期限は6日間。オーブントースターでさっと加熱すると、皮がパリッとしてらにおいしい
>
> ここでも買える！→ P37©など

金山

餡と最中種の
絶妙なハーモニーを

不朽園 （ふきゅうえん）

MAP P117A4

昭和2年(1927)創業。昔ながらの手法で炊いた餡をもち米100%の最中種(皮)で挟んだ最中が有名。定番商品は菊をモチーフにした「菊最中」で、大と小がある。ほかに、生菓子162円〜や鬼まんじゅうも人気。

DATA ☎052-321-4671 ⓐ名古屋市中川区尾頭橋3-4-8 ⓧJR・名鉄・地下鉄金山総合駅から徒歩10分 ⓣ7〜19時 ⓗ元日、水曜

こちらも！

鬼まんじゅう
1個130円

丸の内

165年の伝統を受け継ぐ
名古屋の棹物の代名詞

美濃忠 （みのちゅう）

MAP P118D1

尾張藩御用菓子店「桔梗屋」の流れをくむ名店。国内産小豆にこだわり、独自の製法を守り続けている。なかでも献上菓子であった「上り羊羹」と「初かつを」はこの店の代表銘菓。もちろん彩り豊かな季節の上生菓子もある。

DATA ☎052-231-3904(代) ⓐ名古屋市中区丸の内1-5-31 ⓧ地下鉄鶴舞線・桜通線丸の内駅8番出口から徒歩5分 ⓣ9〜18時 ⓗ元日

初かつを
1棹2484円
(2月中旬〜
5月下旬限定)

こちらも！

> **上り羊羹**
> 1棹2484円
>
> なめらかな舌ざわりと上品な甘さの蒸し羊羹。徳川家の献上菓子で、9月下旬〜5月上旬のみ販売
>
> ここでも買える！
> → P37©など

ソロタビ
PLAN

所要
7時間

古くから街を見守る大須観音を参拝したら、初心者でも気楽に寄席を楽しめる大須演芸場へ。ランチは名古屋を代表する喫茶めしを堪能し、商店街で食べ歩きやショッピングを楽しもう。

大須観音を中心に商店街が広がり、多くの地元の人や観光客で賑わう。老舗から新店まで多彩なジャンルの店が立ち並び、食べ歩きやサブカルチャーなどが楽しめる。

大須

Start

地下鉄 大津観音駅

Solo tabi Plan

大須の街を長年見守るシンボル的な寺院

① 10:00
大須観音を
お参りする
（→P75）

創建は元弘3年（1333）。日本三大観音のひとつ

B&Bやツービートなど著名な漫才師たちもこの舞台に立った

② 11:00
大須演芸場で
寄席を体験
（→P75）

中京圏で唯一の寄席。木造の2階建てで1階は椅子席、2階は座敷席

名物のエビフライサンドは必食

③ 14:00
コンパル 大須本店で
ランチ
（→P16）

戦後すぐの昭和22年（1947）に創業し、名古屋独自の喫茶文化を牽引してきた名店

④ 15:00
大須商店街で
食べ歩きを楽しむ
（→P76）

アイスや団子などのスイーツから唐揚げなどさまざまな店が

若宮大通、伏見通、大須通、南大津通の4つの通りからなる商店街

⑤ 16:00
個性派ショップで
掘り出し物探し
（→P78）

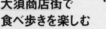

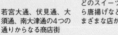

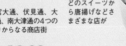

かわいい一点ものをおみやげにぜひ

アンティークや古着、ハンドメイドなどの店がある

Goal

地下鉄 大津観音駅

ACCESS 🚃

☐ **名古屋駅**
　地下鉄東山線で3分

☐ **伏見駅**
　地下鉄鶴舞線で1分

☐ **大須観音駅**
　地下鉄鶴舞線で2分

☐ **上前津駅**

☎ 052-963-5252
オアシス21iセンター

MAP
P124

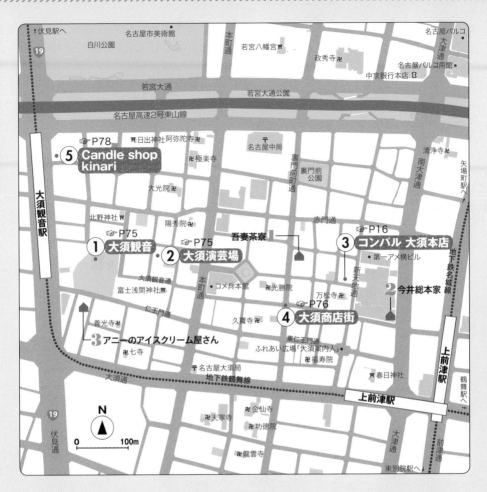

伏見駅へ
名古屋市美術館
名古屋パルコ
白川公園
名古屋パルコ南館
中京銀行本店
若宮八幡宮
政秀寺
本町通
若宮大通
若宮大通公園
名古屋高速2号東山線
清浄寺
南大津通
矢場町駅へ
P78
日出神社阿弥陀寺
名古屋中署
裏門前町通
⑤ **Candle shop kinari**
極楽寺
大光院
大須観音駅
北野神社
陽秀院
吾妻茶寮
P16
P75
③ **コンパル 大須本店**
① **大須観音**
P75
第一アメ横ビル
地下鉄名城線
② **大須演芸場**
新天地通
大須観音通
富士浅間神社
本町通
光勝院
万松寺通
② **今井総本家**
仁王門通
コメ兵本館
P76
善光寺
久屋寺
④ **大須商店街**
上前津駅
③ **アニーのアイスクリーム屋さん**
東仁王門通
七寺
ふれあい広場「大須案内人」
福寿院
大須通
春日神社
名古屋大須局
地下鉄鶴舞線
鶴舞駅へ
上前津駅
N
金仙寺
大津通
前津通
天寧寺
0   100m
功徳院
伏見通
龍雲寺
東別院駅へ

名物ひんやりスイーツ

1 吾妻茶寮
あづまさりょう

MAP P124A2

老舗和菓子屋プロデュースの和カフェ。通年味わえるかき氷や抹茶フォンデュなどが人気だ。中央卸売市場で毎日仕入れる新鮮なフルーツを使用。**DATA** ☎052-261-0016 ⓗ名古屋市中区大須3-22-33 ⓧ地下鉄鶴舞線・名城線上前津駅8番出口から徒歩7分 ⓣ11～18時LO(7・8月は～18時30分LO) ⓗ火曜(7・8月は無休)

ベリー・ベリー・ベリー1540円。ストロベリーの特製エスプーマが氷を覆い、紅ほっぺなど旬のイチゴが添えられている

2 今井総本家
いまいそうほんけ

MAP P124B2

万松寺通東側のアーケード付近の老舗栗菓子店。天津甘栗230g1080円が名物だ。栗ソフト480円は食べ歩きに最適。**DATA** ☎052-262-0728 ⓗ名古屋市中区大須3-30-47 ⓧ地下鉄鶴舞線・名城線上前津駅12番出口から徒歩3分 ⓣ9～19時 ⓗ無休

3 アニーの アイスクリーム屋さん
あにーのあいすくりーむやさん

MAP P124A2

フィンランド風アイスクリームの店。ヤーテロ650円は、1カップにつき3種類までトッピングを選べる(追加トッピングは1種につき+60円)。**DATA** ☎052-265-8368 ⓗ名古屋市中区大須2-25-11 ⓧ地下鉄鶴舞線大須観音駅2番出口から徒歩1分 ⓣ11～20時 ⓗ水曜(祝日は営業、8月は無休)

Visiting 👟

多彩なカルチャーが入り交じるディープな街を散策
大須商店街で下町風情を堪能

大須観音の門前町として発展した大須。現在は門前町風情を残しつつ、
新旧問わずジャンルレスな店が集まる一大商店街として人気を博している。
そんなディープタウン・大須の魅力を体感できる散策を楽しもう!

万松寺通をはじめ、いくつもの筋からなる商店街。大須商店街のWebサイトにはマップもある

文化・芸術、趣味、思考
異なる店がゴッチャ混ぜ
大須商店街
おおすしょうてんがい

MAP P124A2

大須観音駅と上前津駅に挟まれた商店街。江戸時代に
大須観音の門前町として発展したのが始まりで、古くは
劇場や演芸場が作られ歓楽街として賑わった。今では年
齢・性別・国籍を問わず雑多なファッション&グルメが集ま
り、老舗も新店も軒を連ねる。毎年10月中旬には大道
芸などで盛り上がる「大須大道町人祭」を開催。

DATA ☎052-261-2287(大須商店街連盟) 🚇地下
鉄鶴舞線・名城線上前津駅8番出口からすぐ

商店街を見守る観音様。まずはここでお参りを

大須観音 おおすかんのん

MAP P124A2

東京の浅草観音、三重の津観音とともに並ぶ日本三大観音のひとつ。岐阜県羽島市が発祥地で、徳川家康の命により現在の地に移転した。悪いものから山内を守る仁王像を左右に配した仁王門にも注目だ。

DATA ☎052-231-6525 **住**名古屋市中区大須2-21-47 **交**地下鉄鶴舞線大須観音駅2番出口からすぐ **料**無 **時**境内自由(参拝6～19時)

大須商店街発展の礎を築いた寺院

万松寺 ばんしょうじ

MAP P124B2

織田信長の父・信秀が建立した寺院。信長が父の位牌に抹香を投げつけた逸話の舞台とされる。大正時代に寺領の大部分を開放し、大須の発展の礎を築いた。

DATA ☎052-262-0735 **住**名古屋市中区大須3-29-12 **交**地下鉄鶴舞線・名城線上前津駅8番出口から徒歩3分 **料**参拝無料 **時**9～20時 **休**無休

2017年に完成した「白龍館」

歴史ある東海地方唯一の演芸場

大須演芸場 おおすえんげいじょう

MAP P124A2

毎月1～7日の定席寄席をはじめ、さまざまな公演が行われる東海地方唯一の演芸場。江戸落語と上方落語、そして地元芸人の共演を楽しめるのも大きな特徴だ。

DATA ☎0577-62-9203 **住**名古屋市中区大須2-19-39 **交**地下鉄鶴舞線大須観音駅2番出口から徒歩3分 **料時休**公演により異なる

初心者でも入りやすい雰囲気

大須商店街のシンボルご利益あり!?のまねき猫

大須まねき猫 おおすまねきねこ

MAP P124B2

ふれあい広場の中央に座っている、大須のシンボルのまねき猫。広場の四方にある5本柱にはそれぞれ猫のレリーフが施されており、さわるとご利益があるといわれている。

DATA **交**地下鉄鶴舞線・名城線上前津駅8番出口から徒歩1分 **料時休**見学自由

高さ2.2mもある巨大なまねき猫

花と緑に包まれた一軒家

PEU・CONNU ぷー・こにゅ

MAP P124A2

商店街からひと筋入った裏通りにあるフラワーショップ。草花がフランスや日本の古道具と一緒にディスプレイされ、小さな一軒家が花と緑でいっぱいに。素朴な実を添えて引き立てたフラワーアレンジは、プレゼントにも最適。

DATA ☎052-222-8744 **住**名古屋市中区大須2-26-19 **交**地下鉄鶴舞線大須観音2番出口から徒歩3分 **時**10～19時 **休**日曜、祝日

ガチャガチャが店内を埋め尽くす

大人も楽しいガチャガチャ専門店

カプセルハウス 大須店 かぷせるはうす おおすてん

MAP P124B2

東海地方最大級のガチャガチャショップ。かわいらしいキャラクターものから、ちょっとマニアックなガチャまで幅広く揃っている。1回100円～。

DATA ☎052-875-8871 **住**名古屋市中区大須3-31-18 **交**地下鉄鶴舞線・名城線上前津駅9番出口から徒歩1分 **時**11時30分～21時(土・日曜、祝日10時～) **休**不定休

1 庭やサンルームで育てた草花や鉢植えも **2** アンティークな家具や小物を使って、草花をより引き立てる

大須でおやつを食べ歩き

大須でのいちばんのお楽しみがおやつの食べ歩き。和菓子やアイスなどのスイーツ系から、がっつり食事系までバリエーション豊富だ。

元祖小倉クリーム
から揚げ
6個780円
(3個550円)

ソロタビPoint

食べ歩きは観光とセットで

グルメスポットは大須の街に点在する。P74・75の観光スポットと一緒にまわればさまざまなものが楽しめる。マナーを守って楽しもう。

スイーツ感覚で食べる唐揚げ!?

Ⓐ から揚げ専門店 まる芳

からあげせんもんてん まるよし

MAP P124B2

にんにく不使用ながらパンチのある味に女性ファンも多い鶏の唐揚げ専門店。店の横にはベンチが用意され休憩がてら立ち寄れる。**DATA** ☎052-251-2203 🏠名古屋市中区大須3-20-14 🚇地下鉄名城線・鶴舞線上前津駅12番出口から徒歩3分 🕐11時～19時30分(土・日曜10時30分～20時) 🈳無休

八丁味噌1000円
八丁味噌と玉泉白瀧三年熟成純米本みりんを使用

名古屋限定メニューをぜひ

Ⓑ MANHATTAN ROLL ICE CREAM 名古屋大須店

まんはったん ろーる あいす くりーむ なごやおおすてん

MAP P124B2

コールドプレートの上に、液状のクリームをのせて作り上げるロールアイス。愛らしい見た目だけでなく、厳選素材を使用した上質な味わいが人気の秘訣。季節限定メニューもお見逃しなく。**DATA** ☎052-228-7587 🏠名古屋市中区大須3-30-93 🚇地下鉄鶴舞線・名城線上前津駅12番出口から徒歩3分 🕐10～20時(19時45分LO)※12～2月は11～19時(18時45分LO) 🈳不定休

写真映えするミニハンバーガー

Ⓒ ROCKIN' ROBIN 大須店

ろっきんろびん おおすてん

MAP P124B3

上前津駅

栄や一宮で人気のハンバーガーショップの3号店。ミニハンバーガーの「スライダーズ」とポテトがセットになった、食べ歩きにぴったりなメニューは、おいしくてフォトジェニックだと評判だ。**DATA** ☎052-684-7855 🏠名古屋市中区大須3-44-20小田ビル1階 🚇地下鉄鶴舞線・名城線上前津駅8番出口からすぐ 🕐11時30分～22時(21時LO) 🈳不定休

食べ歩きスライダーズ1個540円～。写真は3個1080円。テイクアウト限定

伝統を守る一丁焼きの鯛焼き

Ｄ 鯛福茶庵 八代目澤屋
たいふくさあん はちだいめさわや

MAP P124A2

先代から受け継がれた道具で、1匹ずつ丁寧に焼き上げる天然の「名古屋一丁焼き」が自慢。外側はほどよい薄さでパリッと仕上がり、甘さ控えめの自社製つぶ餡との相性は抜群。**DATA** ☎052-223-8308 住名古屋市中区大須2-18-2 交地下鉄鶴舞線大須観音駅2番出口から徒歩3分 営11〜19時 休水曜

自家製つぶあん173円。しっぽの先までつぶ餡がつまっている

カスタード184円。冷めてもおいしいと評判で、みやげに買っていく人も

行列必至のパリパリジューシーな唐揚げ

Ｅ 李さんの台湾名物屋台 本店
りーさんのたいわんめいぶつやたい ほんてん

MAP P124A2

台湾で俳優やテレビ番組の司会者として活躍した李さんがオープンした唐揚げ専門店。特製の粉で揚げたジューシーな食感で、一度食べたらクセになりそう。辛さの調整もできる。**DATA** ☎052-251-8992 住名古屋市中区大須3-35-10 交地下鉄鶴舞線・名城線上前津駅8番出口から徒歩3分 営11時30分〜20時（土・日曜、祝日11時〜）休不定休

台湾唐揚げ550円。スパイスが利いた定番メニュー。辛さは4段階

伝統とアイデアが生んだ大須名物

Ｆ 納屋橋饅頭万松庵 万松寺通店
なやばしまんじゅうばんしょうあん ばんしょうじどおりてん

MAP P124A2

明治19年(1886)創業の老舗。看板商品の納屋橋まんじゅうをまるごと揚げた揚げまん棒や、国産のもち米を使った最中に納屋橋ジェラートを添えたあいすモナカ250円などが揃う。**DATA** ☎052-241-1662 住名古屋市中区大須3-27-24 交地下鉄鶴舞線・名城線上前津駅8番出口から徒歩4分 営10〜19時 休無休

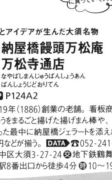

揚げまん棒200円。ドーナツ生地の中におまんじゅうが1個入っている

大須観音駅

大須観音通

伏見通

門前町通

Ｄ

Ｇ

仁王門通

みたらし団子100円。50年以上受け継がれてきた秘伝のタレを使用

大須通

秘伝のタレが素朴で懐かしい味わい

Ｇ 新雀本店
しんすずめほんてん

MAP P124A2

一口大のサイズと香ばしい風味が絶妙な、みたらし団子やきなこ団子を提供。ひとつひとつ店頭で手焼きされているため、いつでもできたてを味わうことができる。**DATA** ☎052-221-7010 住名古屋市中区大須2-30-12 交地下鉄鶴舞線大須観音駅2番出口から徒歩3分 営13〜19時 休不定休

きなこ団子100円。きなこの素朴な甘さが口いっぱいに広がる

手作りならではの
温かみあるキャンドル

Candle shop kinari
きゃんどる しょっぷ きなり

MAP P124A1

キャンドルアーティストの作品やキャンドル作りの材料を販売。手作りゆえに同じ色彩のものはふたつとなく、火を灯すとランタンのようにほわっとやさしく、違った表情を見せるのが魅力。キャンドル教室（1回3600円、所要2時間 ※要予約）も毎日開催している。

DATA ☎052-223-1050 ⓓ名古屋市中区大須2-1-32 ⓧ地下鉄鶴舞線大須観音駅2番出口から徒歩5分 ⓣ12～20時 ⓗ火曜

1 キャンドルのあるライフスタイルを提案 2 ボタニカルジェルキャンドル3000円 3 誕生石キャンドル1760円～ 4 キャンドル用アロマオイル30ml680円、100ml1400円

Shopping 👜
こだわりの雑貨やヴィンテージアイテムから
お気に入りを見つける
個性派ショップめぐり

さまざまなショップが点在する大須ではハンドメイドの雑貨や古着店など、個性あふれる店も多い。世界でたったひとつの商品を宝探し気分で探してみよう！旅の思い出になること間違いなし。

ソロタビ Point

骨董蚤の市も必見！
大須観音の境内で、毎月18・28日に骨董市が開かれる。全国から70～80の骨董店が集まり、国内や世界各国の家具や小物がずらり。日の出～日没で雨天決行。

厳選された古着が
店内いっぱいに並ぶ

Archer
あーちゃー

MAP P124A2

海外の古着屋に来たような雰囲気のレディス古着ショップ。年に数回、海外から買い付けているヴィンテージ古着やアクセサリーが数多く揃う。カジュアル、モード、ユーロヴィンテージ・アンティークを主体とした商品構成で、売り場には選ぶのに迷うほどのアイテムが並ぶ。

DATA ☎052-212-7342 ⓓ名古屋市中区大須3-42-32 渋谷ビル1階 ⓧ地下鉄鶴舞線・名城線上前津駅8番出口から徒歩4分 ⓣ12～20時 ⓗ不定休

1 ヴィンテージイヤリング5940円 2 ノルディック柄ニット8690円 3 1900～1920年代のフランスヴィンテージ リネンドレス 1万5180円 4 掘り出し物がたくさん揃う

オーナーの美意識が光る作家作品や骨董

モノコト
ものこと

MAP P124A2

大須観音の目の前に位置し、さまざまなジャンルの作家作品や骨董を扱っている。作家さんたちの個性ある作品の中からお気に入りを見つけよう。カフェスペースもあるので、ひと休みしながらお気に入りを見つけよう。また、ワークショップも開催しているので気軽に訪れたい。

DATA ☎052-204-0206 名古屋市中区大須2-25-4久野ビル2階 地下鉄鶴舞線大須観音駅2番出口から徒歩1分 12～21時 無休

1 小川チカコ作「赤のモザイク」4536円 2 小川チカコ作のガラスオブジェ「Pot Girl」(3点セット) 25万円 3 深田庸子作の小さな木彫1800円～ 4 深田庸子「ひざをかかえて」6万円。大須観音が望める 5 渡邊亜沙子作「陶バッジ」(手前) 1944円、「陶オブジェ」(奥) 6480円～

世界でひとつのオリジナルアクセを作ろう

Chou chou
しゅしゅ

MAP P124A2

リボンやパールなど、さまざまな色や形のパーツを選んで、簡単にオーダーメイドのアクセサリーが作れる。店内にはパーツのほかに、オーダーメイドのヒントになるアレンジの効いたアクセサリーがズラリと揃い、ハンドメイドアクセやインポートアクセも購入できる。

DATA ☎052-261-4577 名古屋市中区大須3-42-1 地下鉄鶴舞線・名城線上前津駅8番出口から徒歩4分 11～19時 年末年始

1 リボンをうまく使ってタッセル風にアレンジしたピアス1800円～ 2 お花とパールの組み合わせが大人気のネックレス3800円～ 3 色や形もさまざまなアクセサリーパーツが並ぶ

作家の作品が集まる

クリエーターズマーケット
くりえいたーずまーけっと

MAP P115A4

プロ・アマ含め4500人の作家が出店する中部地区最大級のイベント。あらゆるジャンルの作品が集結。例年ポートメッセなごや2・3号館で、6・12月に開催。
http://www.creatorsmarket.com

ヴィンテージアクセサリーでおしゃれ上級者に!

ジムノペディア2号店
じむのぺでぃあにごうてん

MAP P124A2

フランスやイタリアからアクセサリーと洋服を年に4～5回仕入れ、シーズンごとに新作を販売。なかでも大人っぽいシックなデザインが多いアクセサリーは要チェック。アンティークからデザイナーものまで幅広く揃い、値段も2000円前後～と手ごろなのがうれしい。イタリアでオーダーして作るオリジナルワンピースにも注目。

DATA ☎052-252-2883 名古屋市中区大須3-34-2 地下鉄鶴舞線・名城線上前津駅9番出口から徒歩3分 11～20時 無休

1 ベーシックからトレンドアイテムまで豊富な品揃え 2 コロコラフト ヴィンテージピアス3900円 3 毬をモチーフにしたネックレス5900円 4 変形トレンチコート1万9800円、グラデーションストール7800円、ワンピース9800円など

ご飯もすすむ飲み飽きない絶品八丁味噌ツユ

にこみのたから
にこみのたから

MAP P124A2

大須商店街で唯一の味噌煮込みうどん専門店。数種の味噌で八丁味噌の辛みを抑えたツユは、マイルドかつ濃厚でコクもしっかり。とろみもありやや細めの麺にしっかりと絡む。**DATA** ☎052-231-5523 ⊕名古屋市中区大須2-16-17 ⊗地下鉄鶴舞線大須観音駅2番出口から徒歩5分 ⊛11時30分〜15時、17時30分〜19時30分(日曜、祝日は通し営業) ⊛木曜(祝日、18・28日の場合は営業。振替えあり)

カウンター席 なし

親子にこみ定食(ご飯・漬物付)1400円 玉子を絡めたツユがご飯にマッチ

上質な松坂牛ステーキを破格の値段で提供する老舗

大須万松寺 五代目橋本
おおすばんしょうじ ごだいめはしもと

MAP P124B2

「松阪牛の里オーシャンファーム」で育てられるA4・5ランクの松阪牛を、仰天価格で提供する大須の名店。ランチではステーキを丼やお重、ハンバーグ、ひつまぶしなどで手軽に楽しめる。**DATA**
☎052-228-7872 ⊕名古屋市中区大須3-20-26 ⊗地下鉄鶴舞線・名城線上前津駅8番出口から徒歩5分 ⊛11時30分〜15時、18〜23時(22時LO) ⊛不定休

カウンター席 あり

1 特上和風ステーキ丼638円は20食限定 2 1階はライブ感が楽しめるカウンター席、2階は個室とテーブル席がある

幅広い世代に愛される大須を代表する老舗洋食店

御幸亭
みゆきてい

MAP P124A2

大正12年(1923)の創業から愛され続ける洋食店。オムライス1050円をはじめ、昔から変わらず、手間ひまかけて作られる懐かしい味わいの洋食メニューを堪能できる。**DATA** ☎052-241-0741 ⊕名古屋市中区大須3-39-45 ⊗地下鉄名城線・鶴舞線上前津駅8番出口から徒歩5分 ⊛11時〜14時30分(土・日曜は17時30分〜19時30分も営業) ⊛水曜

カウンター席 なし

1 酸味のあるソースと、ジューシーな肉が絶品のメンチカツ1100円 2 アットホームな雰囲気の店

愛され続けて70年！極上の焼鳥を味わおう

角屋
かどや

MAP P124A2

名古屋で焼鳥といえばその名が挙がる店。鮮度抜群の鶏肉や豚肉を、たまり醤油を使ったタレに浸して焼く。肝、心臓、ネギマなど各110円というリーズナブルな価格もうれしい。**DATA** ☎052-221-9774 ⊕名古屋市中区大須2-32-15 ⊗地下鉄鶴舞線・名城線上前津駅8番出口から徒歩8分 ⊛17時〜21時30分(日曜、祝日は16〜21時) ⊛月曜

カウンター席 あり

1 下町情緒にあふれる大衆酒場 2 ハリがあり、ジューシーな味わいが自慢。70年続く老舗自慢の一品

正統派のきしめんに巨大かき揚げ

手打麺舗 丸一
てうちめんぽ まるいち

MAP P117B3

創業約120年の老舗で、現在は4代目が営む。きしめんのスタンダードとされる、幅8mmで極薄の麺を提供。静岡・駿河湾の桜エビを使ったかき揚げと一緒に味わえる、桜天きしめんが一番人気。**DATA** ☎052-322-3208 ⓗ名古屋市中区上前津1-12-26 ⓔ地下鉄鶴舞線・名城線上前津駅6番出口から徒歩5分 ⓣ11時～14時30分LO、17～20時LO ⓗ日曜、祝日

カウンター席 あり

桜天きしめん1030円。手打ち特有のねじれがある麺が特徴

本場さながらのジューシーな味わい

台湾の焼き包子 包包亭
たいわんのやきばおず ぱおぱおてい

MAP P124B2

点心の本場・台湾で修業を積んだ店主が営むテイクアウトの店。包子は鉄板で焼き上げてから少し蒸し上げるというオリジナルの手法を用いて調理。キャベツたっぷりの菜包も人気だ。**DATA** ☎052-242-3803 ⓗ名古屋市中区大須3-20-14 ⓔ地下鉄鶴舞線・名城線上前津駅8番出口から徒歩4分 ⓣ11時30分～20時(土・日曜、祝日11時～)※19時以降売り切れ次第閉店 ⓗ水曜

カウンター席 なし

三河産の豚肉のうま味が詰まった包子

世界チャンピオンが作るピッツァ

SOLO PIZZA Napoletana 大須本店
そろ ぴっつぁ なぽれたーな おおすほんてん

MAP P124A2

ナポリ・ピッツァ職人の2010年世界チャンピオン・牧島氏の味を求めて、連日行列ができる人気店。ナポリから直送される新鮮なモッツァレラなど素材にもこだわる。**DATA** ☎052-251-0655 ⓗ名古屋市中区大須3-36-44 ⓔ地下鉄鶴舞線・名城線上前津駅8番出口から徒歩5分 ⓣ11時～22時15分 ⓗ無休

カウンター席 なし

水牛モッツァレラを使用した看板メニュー

昭和テイストあふれる空間

珈琲ぶりこ
こーひーぶりこ

MAP P124A2

築70年以上の古民家を生かした町家カフェは、落ち着いた雰囲気で居心地のよさは抜群。旬の素材をたっぷり使った季節のパフェは、毎年新たなレシピにするこだわりの一品で、休憩のおともにもってこいだ。ドリンクと一部のフードメニューはテイクアウト可能。**DATA** ☎052-238-2789 ⓗ名古屋市中区大須3-35-22 ⓔ地下鉄鶴舞線・名城線上前津駅8番出口から徒歩3分 ⓣ11～20時(土・日曜、祝日10時～) ⓗ無休

カウンター席 なし

ドリンクメニューは30種と豊富に揃う

名古屋でここだけ"ウベパンケーキ"

The Y's CAFÉ
ざ わいず かふぇ

MAP P124A2

ハワイニスタの間で人気沸騰中のカフェ。看板メニューのウベパンケーキ1280円は、独自配合したウベ(紫芋)がたっぷり練り込まれた、やさしい甘さのパンケーキ。カレーランチやポテトの食べ放題も人気。**DATA** ☎052-228-7677 ⓗ名古屋市中区大須1-7-26 ⓔ地下鉄鶴舞線大須観音駅4番出口から徒歩1分 ⓣ11～20時 ⓗ日曜

カウンター席 あり

ゆったりとくつろげるおしゃれな空間

落ち着いた雰囲気の隠れ家カフェ

eric life café
えりっく らいふ かふぇ

MAP P124A2

商店街から少し離れた静かな路地に立つ。低めのソファが配された店内は、ついつい長居してしまう居心地のよさ。食事メニューはしっかりとボリュームがある。お得なランチメニューは平日のみの提供。**DATA** ☎052-222-1555 ⓗ名古屋市中区大須2-11-18 ⓔ地下鉄鶴舞線大須観音駅2番出口からすぐ ⓣ11時30分～22時LO ⓗ水曜不定休

カウンター席 あり

オムライスセット1090円はいちばん人気があるランチメニュー

キャラ立ちみやげがたくさん！

名古屋のキッチュな雑貨みやげ

クスッと笑えたり、オッと目を引く名古屋のご当地みやげをご紹介。リーズナブルなので、友だちや家族のおみやげにもぴったり。あの人気キャラクターのグッズも要チェックだ。

矢場とんのマスコット「ぶーちゃん」グッズ

ぶーチャーム 1000円…F
矢場とんの広報宣伝課長のマスコット、ぶーちゃん。手軽にカバンなどにつけられるチャーム

マグカップ 各550円…F
ビキニやアロハなどぶーちゃん10変化（10種）のマグカップ

ぶーちゃんTシャツ 2200円…F
スタッフ気分も味わえるTシャツ。不定期で異なるカラーも登場

オリジナルあぶらとり紙 270円…A
あぶらとり紙が、名古屋城のシンボル・金シャチの形に。シートは豪華金箔入り!!全15枚

バラマキみやげにも最適な金シャチグッズ

顔変わりペン 各1075円…B
歌舞伎など御園座の演目をモチーフにしたペン。ノックするたびに隈を取った顔がクルクルと変わるのがユニーク。全2種類

ジャポニカ学習帳 B5 5mm方眼罫 歌舞伎 1冊327円…B
歌舞伎の伝統的な化粧法・隈取りが表す役柄を解説する付録ページがユニーク。A6版サイズも

入浴剤 金鯱の湯 495円…D
名古屋らしい、金がモチーフの入浴剤が人気。「金鯱の湯」は金箔入りで、潤い美肌効果が。「入浴両」は炭酸ガス入りで体の芯まで温まる

小判型バスボム 入浴両 275円…D

ご当地メシ ピンズ＆ワッペンセット 1セット842円…D
なごやめしモチーフのワッペンやピンズを洋服やカバンにつけて名古屋愛を主張！天むす、みそカツ、みそ煮込みなど6種類を販売

なごやめしモチーフのかわいいセット

NAGOYA トートバッグ 1080円…A
名古屋城と金シャチをプリントしたなごみゃ限定の商品。丈夫で使い勝手がよく、価格も手ごろ

Ⓐ なごみや なごみや

MAP P123B2　名古屋城周辺

名古屋＆東海エリアにゆかりのあるグッズ、食、伝統工芸品などを扱う。**DATA** ☎052-212-8164 **住** 金シャチ横丁 義直ゾーン（→P50）**交** 地下鉄名城線市役所駅7番出口から徒歩5分 **時** 10時30分～18時30分 **休** 無休

Ⓑ 御園小町 みそのこまち

MAP P118D4　栄

歌舞伎をモチーフにした御園座限定のお菓子や、地酒のラインナップも豊富。**DATA** ☎052-218-5490 **住** 名古屋市中区栄1-6-15 御園座タワー1階 **交** 地下鉄東山線・鶴舞線伏見駅6番出口から徒歩1分 **時** 8～22時 **休** 不定休

Ⓒ 名古屋市科学館 ミュージアムショップ 「SO-NANDA!」

なごやしかがくかん みゅーじあむしょっぷ「そーなんだ!」

MAP P121B3　栄

元素記号を描いたファイルやクッキーなど、科学館ならではのアイテムが揃う。**DATA** ☎052-212-0016 **交時休** 名古屋市科学館（→P61）に準ずる

Ⓓ 東急ハンズ名古屋店

とうきゅうはんずなごやてん

MAP P119B3　名古屋駅周辺

雑貨や日用品、文具など幅広い品揃え。名古屋みやげは8階で販売。**DATA** ☎052-566-0109 **交** ジェイアール名古屋タカシマヤ（→P37）内 **時** 10～20時 **休** 不定休

Ⓔ 大須おみやげカンパニー

おおすおみやげかんぱにー

MAP P124A2　大須

大須のまねき猫のオリジナルグッズをはじめ、ベタな観光地グッズが揃う。**DATA** ☎052-228-0267 **住** 名古屋市中区大須2-18-20 **交** 地下鉄鶴舞線大須観音駅2番出口から徒歩5分 **時** 10～18時 **休** 水曜

Ⓕ 矢場とん 矢場町本店

やばとん やばちょうほんてん

MAP P124B1　矢場町

名古屋名物「みそかつ」で知られる名店。店内ではオリジナルキャラ・ぶーちゃんを用いた各種グッズが購入できる。**DATA** →P4

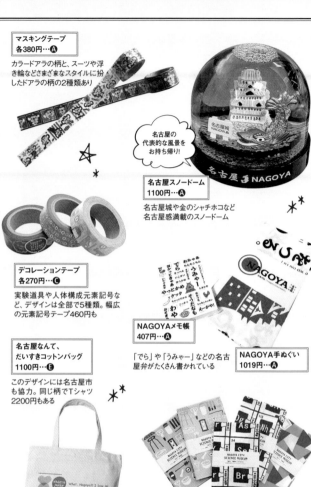

マスキングテープ 各380円…Ⓐ
カラードアラの柄と、スーツや浮き輪などさまざまなスタイルに扮したドアラの柄の2種類あり

名古屋の代表的な風景をお持ち帰り!

名古屋スノードーム 1100円…Ⓐ
名古屋城や金のシャチホコなど名古屋感満載のスノードーム

デコレーションテープ 各270円…Ⓒ
実験道具や人体構成元素記号など、デザインは全部で5種類。幅広の元素記号テープ460円も

NAGOYAメモ帳 407円…Ⓐ

「でら」や「うみゃー」などの名古屋弁がたくさん書かれている

NAGOYA手ぬぐい 1019円…Ⓐ

名古屋なんて、だいすきコットンバッグ 1100円…Ⓔ
このデザインには名古屋市も協力。同じ柄でTシャツ2200円もある

てぬぐい 各800円…Ⓒ
原子番号順に並んだ元素記号シリーズが人気。青色と赤色で描かれている元素記号も違う

これを見ながら名古屋弁を練習してみよう!

オリジナルTシャツ 2200円…Ⓔ
「尾張名古屋は城でもつ」、名古屋人がよく口にする言葉をデカデカとプリント。着れば名古屋愛爆発!

名古屋弁クリアファイル 250円…Ⓔ
「金鯱フォント」という文字を使用。言葉もフォントも名古屋成分たっぷり!

名古屋駅・伏見周辺のホテル

JRや名鉄、近鉄など各線が集まる名古屋駅やビジネス街の伏見に近くて施設充実のホテルをご紹介!

夜景を楽しみながら優雅な一夜を

名古屋マリオット アソシアホテル

なごやまりおっとあそしあほてる

MAP P119B3

名古屋駅の真上に位置し、抜群のロケーションとアクセスのよさが魅力。客室は20〜49階の高層階にあり、ゆとりある優雅な空間が広がる。和・仏・中から鉄板焼きまで、8つのレストラン&バーが揃う。プールやジムがある会員制フィットネスクラブは、宿泊客1日3300円で利用できる。**DATA** ☎ 052-584-1111 ⊕名古屋市中村区名駅1-1-4 ⊗JR名古屋駅に直結⊛774室 ㉟スタンダードダブル(シングルユース)3万6300円〜 ㊞IN15時/OUT12時

❶名古屋駅直結のJRセントラルタワーズ内にある ❷快適な空間のデラックスツイン

高級感あふれる、広々としたヨーロピアンエレガンスなロビー

フィットネスクラブは7〜22時(ジムは24時間)

行動の起点となる名古屋駅の直上のホテル

名古屋JRゲートタワーホテル

なごやじぇいあーるげーとたわーほてる

MAP P119B2

フロントから新幹線改札まで徒歩5分と利便性抜群。客室には照明や空調などを操作できるタブレットなど、最新の設備が揃う。**DATA** ☎052-566-2111 ⊕名古屋市中村区名駅1-1-3 ⊗JR名古屋駅に直結㉟シングルユース1万3000円〜 ⊛350室 ㊞IN15時/OUT11時

❶寝心地のいいベッド、遮光スクリーンなど細かなニーズに応える ❷JR名古屋駅に直結。雨でも濡れずにチェックインできる

空に浮かぶ船をイメージした眺望自慢のホテル

名古屋プリンスホテル スカイタワー

なごやぷりんすほてる すかいたわー

MAP P117A3

名古屋駅から1駅、ささしまライブ駅直結のアクセス抜群のホテル。夜は、駅前高層ビル群の眺望が美しい。**DATA** ☎052-565-1110 ⊕名古屋市中村区平池町4-60-12 ⊗あおなみ線ささしまライブ駅から徒歩1分 ㉟シングル1万5609円〜 ⊛170室 ㊞IN15時/OUT12時

❶「空の浮きふね」をコンセプトとした客室からは名古屋の眺望を観賞できる ❷グローバルゲートの高層階に位置し、名古屋城などへのアクセスも便利

Hotel List

静寂な大人の雰囲気漂う老舗シティホテル

名鉄グランドホテル
めいてつぐらんどほてる

MAP P119B3

名古屋駅前、名鉄百貨店11〜18階にあり、観光やビジネスの拠点として最適の環境。客室はゆったりとしたレイアウト、落ち着いた調度品が旅の疲れを癒やしてくれる。日本料理、北京宮廷料理、カジュアルダイニングの本格派レストランがあり、夜は最上階スカイラウンジでグラスを傾けるのもいい。朝食は名駅の眺望を楽しみながら和洋バイキングを。特に「カジュアルダイニング アイリス」のレディースランチが好評。**DATA** ☎052-582-2211 🏢名古屋市中村区名駅1-2-4 ❌名古屋駅桜通口から徒歩5分 🛏シングル7300円〜 客室数241室 🕐IN14時/OUT11時

1 客室には落ち着いた調度品が配され、ゆったりできる
2 レディスプランでは高級ラインのアメニティ「コスメデコルテ」のスキンケア5点セットがもらえる

女性にうれしいサービスが豊富でコスパ抜群

ダイワロイネットホテル名古屋太閤通口
だいわろいねっとほてるなごやたいこうどおりぐち

MAP P119A3

セパレートタイプのバスルームと最新設備のしつらえで上質なくつろぎを感じさせるホテル。女性限定でフェイシャルマスクをプレゼント。**DATA** ☎052-459-3155 🏢名古屋市中村区椿町18-10 ❌名古屋駅太閤通口から徒歩4分 🛏モデレートダブル(シングルユース)8000円〜 客室数272室 🕐IN14時/OUT11時

1 21㎡のモデレートダブル。セパレートタイプのバスルームは広々
2 夜間の入館にはカードキーによるセキュリティシステムを導入

西洋と和の文化が融合した内装

ヒルトン名古屋
ひるとんなごや

MAP P118D4

洗練されたサービスや、スタイリッシュで高機能な客室、エグゼクティブラウンジで世界水準のステイを満喫。レストランなどの施設も充実。**DATA** ☎052-212-1111 🏢名古屋市中区栄1-3-3 ❌地下鉄東山線・鶴舞伏見駅7番出口から徒歩3分 🛏シングル1万9267円〜 客室数460室 🕐IN15時/OUT12時

大浴場やモーニングが人気

名古屋ビーズホテル
なごやびーずほてる

MAP P118C3

フィットネスやマッサージ機コーナーなどの設備が快適な滞在を演出。大浴場「らくだの湯」には、ジャグジーやサウナも完備しており人気。**DATA** ☎052-220-3131 🏢名古屋市中区錦1-16-2 ❌地下鉄東山線・鶴舞線伏見駅9番出口から徒歩5分 🛏シングル6800円〜 客室数348室 🕐IN15時/OUT11時

歴史と伝統が醸し出す上質空間

名古屋観光ホテル
なごやかんこうほてる

MAP P118D3

名古屋市で最も長い歴史をもつシティホテルで、伝統を誇るきめ細かなサービスを提供。オーガニックコットンのリネン類やブルガリのアメニティなどでくつろげる。**DATA** ☎052-231-7711 🏢名古屋市中区錦1-19-30 ❌地下鉄東山線・鶴舞線伏見駅8番出口から徒歩2分 🛏シングル2万円〜 客室数369室 🕐IN15時/OUT12時

※繁忙期や曜日などによっては、ひとりでの宿泊ができない場合がありますので、事前にご確認ください

Hotel List

名古屋屈指の繁華街・栄近くのホテルをご紹介。遅くまで食事や買い物を楽しんでも、アクセスがいいので安心。

女性限定のシングルルームもあり安心して泊まれる

ラグナスイート名古屋
らぐなすいーとなごや

MAP P121B2

モダンなアジアンテイストのホテル。上質なコイルを使用したベッドが好評。女性のみ利用できるレディースルームはアメニティが充実しており、ゆったりとホテルステイを楽しめる。**DATA** ☎052-954-0081 ⊕名古屋市中区錦3-12-13 ⊗地下鉄東山線・名城線栄駅1番出口から徒歩3分 ㊎シングル9500円～ 客室数84室 ㊙IN15時/OUT11時

1 スーペリアシングルは2名での利用も可。アメニティも充実 **2** エントランスからアジアンリゾートのような雰囲気が漂う

ひとり旅に最適な明るくリラックスした空間

名古屋栄東急REIホテル
なごやさかえとうきゅうれいほてる

MAP P121B2

ライティングデスクやチェアーをコンパクトにまとめた1人用客室は、窓から自然光が差し込む。朝食は、なごやめしや愛知県産の食材がブッフェスタイルで味わえる。**DATA** ☎052-251-0109 ⊕名古屋市中区栄3-1-8 ⊗地下鉄東山線・名城線栄駅8番出口から徒歩8分 ㊎シングル1万3750円～ 客室数297室 ㊙IN15時/OUT10時

1 和のエッセンスを感じさせるスーペリアシングル **2** 広小路通沿いにあり、栄駅からも伏見駅からもアクセス良好

ヨーロピアンテイストの気品が薫る国際的迎賓館

名古屋東急ホテル
なごやとうきゅうほてる

MAP P120D2

ヨーロッパの風格と日本のおもてなしの心をあわせもったサービスが好評。レストラン「ロワール」は、丁寧に仕上げた料理と上質なサービスが楽しめると評判。**DATA** ☎052-251-2411 ⊕名古屋市中区栄4-6-8 ⊗地下鉄東山線・名城線栄駅12番出口から徒歩5分 ㊎シングル1万7800円～ 客室数564室 ㊙IN15時/OUT12時

1 優雅でクラシカルな雰囲気が漂うスーペリアフロアのツインルーム **2** オールデイダイニング「モンマルトル」で食事も楽しもう

地下から直結しているアクセス抜群なホテル

名古屋クレストンホテル
なごやくれすとんほてる

MAP P120C4

名古屋パルコの真上にあり、買い物や観光に便利。パルコ営業中は地下鉄矢場町駅と地下直結で利用できる。**DATA** ☎052-264-8000 ⊕名古屋市中区栄3-29-1 名古屋パルコ西館9～11階 ⊗地下鉄名城線矢場町駅4番出口から徒歩2分 ㊎シングル6800円～ 客室数65室 ㊙IN15時/OUT11時

1 全室に空気清浄機を設置。宿泊客は無料でWi-Fiも利用できる **2** 周辺はデパートやファッションビルが立ち並ぶショッピングスポット

上質で趣のあるアメリカンネオクラシックな空間

プリンセスガーデンホテル
ぷりんせすがーでんほてる

MAP P120C3

栄の中心エリアにあり、主要な百貨店まで徒歩5分圏内の好立地。加湿器やアイロン、ズボンプレッサーの無料貸し出しなど快適なサービスが好評。朝食ビュッフェも充実。**DATA** ☎0120-190-500 ⊕名古屋市中区栄3-13-31 ❂地下鉄東山線・名城線栄駅8番出口から徒歩7分 ❀シングル9200円～ **客室数**197室 ⊕IN14時/OUT11時

1 明るくシックな雰囲気の部屋。広めの空間でくつろげる **2** 繁華街の真ん中にあり、ショッピングやグルメにも便利

女性用アイテムが揃った人気の隠れ家ホテル

ベストウェスタンホテル 名古屋
べすとうぇすたんほてる なごや

MAP P120D2

ロビーにアロマオイルが焚かれるなど、安心をくすぐる演出が魅力。レディースルームも完備し、女性アイテムのほか、ミネラルウォーターのサービス付き。**DATA** ☎052-263-3411 ⊕名古屋市中区栄4-6-1 ❂地下鉄東山線・名城線栄駅12番出口から徒歩4分 ❀シングル8000円～ **客室数**140室 ⊕IN15時/OUT11時

1 センスの良い調度品が並ぶレディスルーム（デラックスツイン） **2** 朝食は和洋ブッフェ。野菜やパンが多く並ぶのもうれしい

コンパクトで機能的な客室

ホテルランドマーク名古屋
ほてるらんどまーくなごや

MAP P120C2

駅前の大通りに立つ、スタンダードなビジネスホテル。都心にありながらリーズナブルな価格設定が魅力。バスタブが広めなのもうれしい。**DATA** ☎052-962-0009 ⊕名古屋市中区錦3-18-25 ❂地下鉄東山線・名城線栄駅1番出口から徒歩3分 ❀シングルA（朝食付）6160円～ **客室数**144室 ⊕IN16時/OUT10時

リーズナブルなのに施設充実

AB HOTEL 名古屋栄
えーびー ほてる なごやさかえ

MAP P120C3

さまざまな客室や大浴場、女性優先フロアなど充実の設備やサービスが人気。全室アイシン製のベッドを完備。無料の朝食も好評。**DATA** ☎052-263-1005 ⊕名古屋市中区栄5-3-5 ❂地下鉄東山線・名城線栄駅13番出口から徒歩6分 ❀シングル5900円～ **客室数**130室 ⊕IN15時/OUT10時

モダンな落ち着いた雰囲気

ユニゾイン名古屋栄
ゆにぞいんなごやさかえ

MAP P120C2

大津通に面した便利なロケーション。客室には卵型バスタブと調光照明を導入し、くつろぎの空間に。セキュリティ付きエレベーターなど、安全面にも配慮。**DATA** ☎052-962-2525 ⊕名古屋市中区錦3-16-30 ❂地下鉄東山線・名城線栄駅2番出口から徒歩1分 ❀シングル9020円～ **客室数**252室 ⊕IN14時/OUT11時

※繁忙期や曜日などによっては、ひとりでの宿泊ができない場合がありますので、事前にご確認ください

日泰寺の参道を中心に魅力的なショップやみどころが点在

覚王山の門前町を散策

名古屋の中心部から少し離れた閑静なエリア・覚王山。シンボルの日泰寺へと続く
参道付近や駅周辺には大正〜昭和に建てられたレトロな施設や、個性的な店が並ぶ。
乙女心をくすぐるカフェにも立ち寄りつつ、街歩きを楽しもう。

0   100m

覚王山 日泰寺

日泰寺参道

揚輝荘

日本の全仏教徒のための寺院へお参りを

覚王山 日泰寺 かくおうざん にったいじ

MAP P124B3

日本で唯一、どの宗派にも属
さない寺院。お釈迦様のご真
骨をタイ国より拝受、奉安す
るために明治37年(1904)に
建立。毎月21日に行われる
弘法大師の縁日には境内一
円に露店が出店する。4月8
日の降誕会(花まつり)や12月
8日の成道会などのイベントも。

DATA ☎ 052-751-2121 **住**
名古屋市千種区法王町1-1 **交**地下
鉄東山線覚王山駅1番
出口から徒歩9分 **料**拝観無料
時5時〜16時30分 **休**無休

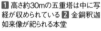

美しい景色と歴史ある建物をゆっくり鑑賞

揚輝荘 ようきそう

MAP P124B3

大正から昭和初期にかけて、
松坂屋百貨店の初代社長・
伊藤次郎左衛門祐民によっ
て建造された別邸。かつて
は、各界の要人や文化人が
往来する迎賓館や社交場と
して多くの人が集まり、現在
は聴松閣や伴華楼など5棟
の建物が市の有形文化
財に指定されている。

DATA ☎ 052-759-4450 **住**名古
屋市千種区法王町2-5-17 **交**地下
鉄東山線覚王山駅1番出口から徒
歩10分 **料**入園無料(聴松閣は入
館300円) **時**9時30分〜16時30
分 **休**月曜(祝日の場合は翌平日)

1 広さ約6500㎡の北園にある北庭園
(きたていえん) **2** 山荘風の外観をした
迎賓館、聴松閣(ちょうしょうかく)

1 高さ約30mの五重塔は中に写
経が収められている **2** 金銅釈迦
如来像が祀られる本堂

ここでしか手に入らないアート作品を探して

覚王山アパート

かくおうざんあぱーと

MAP P124B4

築60年以上の2階建て木造アパートを改装し、クリエーターのショップやアトリエ、ギャラリーとして公開。玄関やトイレもギャラリーとして利用するなど、アパート全体がアートな空気に包まれている。

DATA ☎052-752-8700 ⓗ名古屋市千種区山門町1-13 ⓧ地下鉄東山線覚王山駅1番出口から徒歩7分 ⓣ11〜18時ⓗ火・水曜(祝日、21日の縁日は営業)

はりがねさいくやおうお
針金細工八百魚

針金アーティスト合田さんのアトリエ兼ギャラリー。針金で作る似顔絵はプレゼントにもおすすめ。

針金似顔絵1500円〜。1人40分くらいで完成。体験教室1000円〜も(要予約、所要1〜2時間)

ぴんちょす
pinchos

カラフルな糸を使ったニットアクセサリーの店。かぎ針編みで作られるピアスやイヤリングなど、繊細なデザインが光る。

ふるほんかふぇ あむりた
古本カフェ 甘露

棚の本は全て読み放題の古本屋兼カフェ。チャイ500円やカレーセット1000円などが人気メニュー。

クラフト作家の作品も販売

スズナリ片耳用ピアス・イヤリング 4620円

名古屋駅へ

覚王山アパート
ZARAME NAGOYA

陶芸教室・工房・ギャラリー 歩知歩智
シェ・シバタ名古屋

覚王山駅

地下鉄東山線

本山駅へ

レトロなたたずまいの陶器専門店

陶芸教室・工房・ギャラリー 歩知歩智

とうげいきょうしつ・こうぼう・ぎゃらりー ぽちぽち

MAP P124B4

「見ていてなごむモノ、オリジナリティがあり手作り感のあるモノ、愛着がわくモノ」をコンセプトに陶芸作家の店主夫婦が奥の工房で制作した手作りの陶器を販売。お気に入りを見つけよう。

DATA ☎052-761-5553 ⓗ名古屋市千種区山門町2-58 ⓧ地下鉄東山線覚王山駅1番出口から徒歩2分 ⓣ11〜19時(日曜は〜18時) ⓗ月・火曜

1 いずれも製造直販ゆえの低価格
2 箸置き各330円

リピート客が絶賛する手作りドーナツ

ZARAME NAGOYA ざらめ なごや

MAP P124B4

「飲食を通じた空間づくり」がテーマのハンバーガー、ドーナツ&コーヒーをメインにしたカフェ。安心・安全にこだわり、ドーナツは保存料を使わず、すべて自社で手作り。人気のドーナツはテイクアウトもOK。

DATA ☎052-763-7662 ⓗ名古屋市千種区山門町2-36 ⓧ地下鉄東山線覚王山駅1番出口から徒歩2分 ⓣ9〜20時 ⓗ無休

1 定番のバニラグレーズ(手前)280円 2 日泰寺参道にあり、大きな看板が目印

アーティスティックなスイーツの数々にうっとり

シェ・シバタ名古屋

しぇ・しばたなごや

MAP P124B4

芸術品のような美しいケーキが揃う人気店。オーナーシェフの柴田武さんは、フランス菓子の基礎を守りながらも、斬新なアイデアを取り入れたスイーツを発信している。生ケーキや焼き菓子は人気で、イートインスペースもある。

DATA ☎052-762-0007 ⓗ名古屋市千種区山門町2-54 ⓧ地下鉄東山線覚王山駅1番出口から徒歩2分 ⓣ10時〜19時30分 ⓗ火曜、ほか不定休あり

1 覚王山ほか東海エリア、中国などアジアを中心に10店舗以上を展開 2 赤のハート形が印象的なクー・デ・ボア550円。中はバニラババロアとラズベリージュレ

伝統的な町家が並ぶ東海道の昔町
有松の染物文化を見学

国の伝統工芸品に指定される絞り染め「有松絞り」で有名な有松。街道に残る絞り商家が往時の雰囲気を伝えている。江戸の風情を感じながら、お気に入りの染め物を探してみよう。

旧東海道の旅情を感じる
ノスタルジックな町並み

**有松への
アクセス**

名鉄名古屋駅から名鉄
名古屋本線準急で
有松駅まで17分

旧東海道沿いには、なまこ壁やうだつの上がる伝統的な古い町並みが広がっている

1 当時の資料など多数の品が並ぶ2階の展示コーナー **2** 古い道具も展示されている **3** くくりの実演では2種類の技法を見学

有松・鳴海絞を学ぼう
有松・鳴海絞会館
ありまつ・なるみしぼりかいかん

MAP P115B4

有松絞りの代表的な絵柄や道具、作業工程などを展示・紹介。2階の実演コーナーでは、絞り職人の見事な手さばきを見学できる。ハンカチやエプロンの絞り1100円〜(要予約)体験も。1階売店では有松絞り製品を販売。

DATA ☎052-621-0111 住名古屋市緑区有松3008 交名鉄名古屋本線有松駅から徒歩5分 料入館300円 時9時30分〜17時(実演は〜16時30分) 休無休(6月第1土・日曜の絞りまつり前後に不定休あり)

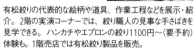

人気の薪窯パンを味わおう

ダーシェンカ 蔵 有松店

だーしぇんか くら ありまつてん

MAP P115B4

1 ダーシェンカ886円 2
店は築80年の蔵を改装

創業22年、東海3県で初めて薪窯を取り入れたパン屋。店内には薪窯で焼き上げたパンが並ぶ。2階のカフェスペースや春限定の中庭カフェで味わうこともできる。

DATA ☎052-624-0050 ⏹名古屋市緑区有松2304 神半邸 ⏹名鉄名古屋本線有松駅から徒歩3分 ⏹10～18時 ⏹月・火曜

創業200余年の老舗問屋

井桁屋

いげたや

MAP P115B4

寛政2年(1790)創業の絞り問屋。有松絞りの伝統的な絵柄を取り入れたバッグや衣服が並ぶ。女性には100種類以上ある浴衣のB反1万3200円～が好評。

DATA ☎052-623-1235 ⏹名古屋市緑区有松2313 ⏹名鉄名古屋本線有松駅から徒歩4分 ⏹10～17時 ⏹不定休

1 傘やTシャツなどさまざまな絞り製品を販売。建物は県の有形文化財に指定 2 絞りペットボトルカバー1650円

60種以上の手ぬぐい

まり木綿

まりもめん

MAP P115B4

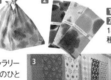
1 伊勢木綿 小巾折2970円
2 紋伊勢木綿てぬぐい各1815円～ 3 色鮮やかな40種類以上の手ぬぐいが並ぶ

2人の女性職人が営むギャラリーショップ。有松絞りの技法のひとつ"板締め絞り"の手ぬぐいのほか、今までにない色彩や絵柄の絞り雑貨を創作している。

DATA ☎052-693-9030 ⏹名古屋市緑区有松1901 ⏹名鉄名古屋本線有松駅からすぐ ⏹10～18時 ⏹火～木曜

築80年以上の旧商家

神半邸

かみはんてい

MAP P115B4

13代続いた絞り問屋、神谷半次郎の旧宅。昭和初期に建てられた建物はリノベーションされ、ダーシェンカ蔵有松店と和食処が営業。外観からも往時の面影を垣間見られる。

DATA ⏹名古屋市緑区有松2304 ⏹名鉄名古屋本線有松駅から徒歩3分 ⏹入館無料 ⏹ ⏹店舗により異なる(外観のみは見学自由)

外観の見学は自由。有松駅からのアクセスも至便

現代風アイテムが豊富

絞りの久田 本店

しぼりのひさだ ほんてん

MAP P115B4

伝統的なアイテムはもちろん、400年の歴史を現代風にアレンジさせて、近年のトレンドに合わせたデザインも開発。スカーフやポーチは、洋服とも合わせやすい。

DATA ☎052-621-1067 ⏹名古屋市緑区有松616 ⏹名鉄名古屋本線有松駅から徒歩10分 ⏹9～17時 ⏹月曜

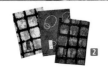
1 有松駅から少し離れた隠れ家的な店舗。さまざまな和物商品を取り扱う 2 さまざまな絞り柄がついたブックカバー2750円

コシが抜群のうどんを堪能しよう

手打めん処 寿限無茶屋

てうちめんどころ じゅげむちゃや

MAP P115B4

絞り問屋を改装した麺処。名物の梅おろしうどんは、蔵で3年間熟成させた自家製梅干しを使う梅肉ダレがおいしい。朝夕1日2回手打ちする麺はコシが強くモチモチ。

DATA ☎052-624-5006 ⏹名古屋市緑区有松2339 名鉄名古屋本線有松駅から徒歩6分 ⏹11～15時、17～21時 ⏹木曜

1 梅おろしうどん850円。冬は温かいうどんに変更できる 2 築150年の絞り問屋を活用

城とともに歴史を伝える自然豊かな町

犬山の城下町をさんぽ

戦国期には合戦の舞台、江戸時代には城下町として発展した犬山。
全国からファンが訪れる国宝 犬山城を中心に、昔懐かしい町並みが残る。
木曽川の自然が残る風景を満喫しながらそぞろ歩きを楽しもう。

**犬山への
アクセス**

名鉄名古屋駅から名鉄
犬山線快速特急・特急
で犬山駅まで25分

小高い山の上に
立つ木造天守から
の景色は圧巻

ソロタビ Point

木曽川うかいを見学しよう

6月～10月15日にはライトアップされた
犬山城を背景に、鵜に川魚を捕らせ
る古代漁法・鵜飼が楽しめる。見学は
事前予約が必要。詳細は☎0568-
61-2727（木曽川観光）まで

「白帝城」の別名をもつ
国宝5城のひとつ

国宝 犬山城

こくほう いぬやまじょう

MAP P114A1

信長の叔父・織田信康により天文6年
(1537)に創建。2004年までは、日本
で唯一の個人所有の城だった。現存
する日本最古の木造天守といわれ、国
内で5城しかない国宝にも指定されてい
る。初期の天守の姿を残し、貫禄たっ
ぷり。小高い山の上に立ち、天守から
は木曽川を眼下に、御嶽山や名古屋の
高層ビル群まで望める。

DATA ☎0568-61-1711 ⊕犬山市犬
山北古券65-2 ⊕名鉄犬山線犬山駅
から徒歩20分 ⊕550円 ⊕9～17時（閉
門は～16時30分）⊕12月29～31日

1 望楼型の天守からは絶景を眺めら
れる **2** 街の風景はまるで絵画を見て
いるかのよう

新鵜沼へ↑
犬山遊園駅

木曽川うかい

木曽川

国宝 犬山城
三光稲荷神社●

有楽苑
(2021年秋まで工事中)

名鉄犬山線

ライン大橋

●城とまちミュージアム
（犬山市文化史料館）

●豆腐かふぇ 浦嶌

市武道館●

犬山写真館
市福祉会館●

●ミツワ写真館

●山田五平餅店

魚新通り

本町通り

旧磯部邸

どんでん館

本町

●藤澤製菓

犬山おどき

犬山駅
名鉄名古屋へ↓

200m

城下町の拠点施設として情報提供も行う

犬山の武家・町人文化を紹介
城とまちミュージアム（犬山市文化史料館）
しろとまちみゅーじあむ（いぬやましぶんかしりょうかん）

MAP P114A1

武家・町人文化が花開いた江戸時代を中心に、犬山の歴史や文化を紹介。かつての城下町を再現した巨大ジオラマや旧犬山城主成瀬家由来の美術工芸品などを見学しよう。

DATA ☎0568-62-4802 犬山駅から徒歩15分 入館300円 9～17時（入館は～16時30分） 12月29～31日（臨時休館あり）

犬山城主成瀬家の守護神
三光稲荷神社
さんこういなりじんじゃ

MAP P114A1

城山の麓に位置する古社で、天正14年(1586)の創建と伝えられる。昭和39年(1964)、現在地に移築され、福徳、開運厄除、良縁、夫婦和合などのご利益を求めて多くの参拝者が訪れる。

DATA ☎0568-61-0702 犬山市犬山北古券65-18 名鉄犬山線犬山遊園駅から徒歩12分 見学自由
1 朱塗りの鳥居が美しい 2 女性に人気のピンクのハート形絵馬

犬山名物をおみやげに
藤澤製菓
ふじさわせいか

MAP P114A1

水飴にきな粉や黒糖を練り合わせ、固めて作るげんこつ飴が名物。今も昔と変わらず無添加で手作りしている。控えめの甘さが舌の上に広がる一品。

藤澤げんこつわん丸君パッケージ360円。わん丸君は犬山市の公式キャラ

DATA ☎0568-61-0336 犬山市犬山東古券161 名鉄犬山線犬山駅から徒歩8分 9時～17時30分 不定休

犬山祭で曳かれる車山を展示
どんでん館
どんでんかん

MAP P114A1

毎年4月第1土・日曜に行われる国の重要無形民俗文化財の犬山祭。その祭りを一年中体感できるように、光と音で祭りの一日を演出している展示館。館内には高さ8mの車山を展示。

DATA ☎0568-65-1728 犬山市犬山東古券62 名鉄犬山線犬山駅から徒歩10分 100円 9～17時（入館は～16時30分） 12月29～31日
1 1階の展示ホールでは、犬山祭で町を練り歩く豪華絢爛な車山が見られる 2 城下町の町家造りを再現した建物

豆腐を使ったヘルシーランチ
豆腐かふぇ 浦嶌
とうふかふぇ うらしま

MAP P114A1

玉手箱会席 1650円

手作りの豆腐や湯葉、豆乳を使った料理やスイーツが楽しめる。数量限定の玉手箱らんちは豆腐田楽に季節の料理、デザートも付いてお得。

DATA ☎0568-27-5678 犬山市犬山東古券762-2 名鉄犬山線犬山駅から徒歩10分 11～14時 火曜

＼ 散策途中のひと休みに！ ／

犬山おどき
いぬやまおどき

MAP P114A1

築100年を超す町家カフェ。提灯工房を眺めながら、自慢のサンドイッチとコーヒーでひと休み。

たまごサンド 780円
辛みを利かせた味噌と卵3個を使ったフワフワでボリューミーな一品

DATA ☎0568-61-5274 犬山市犬山南古券19 12～19時（12～2月は～18時） 水曜、第1木曜

山田五平餅店
やまだごへいもちてん

MAP P114A1

店は築120年以上、国の登録有形文化財。香ばしくモチモチとした食感が人気の秘密。

五平餅だんご型 1本100円
ゴマ、クルミ、ピーナッツ入りの特製タレがクセになるおいしさ

DATA ☎0568-61-0593 犬山市犬山東古券776 11～17時 月曜（祝日の場合は翌日休）

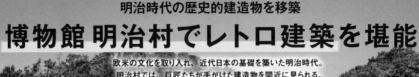

明治時代の歴史的建造物を移築

博物館 明治村でレトロ建築を堪能

欧米の文化を取り入れ、近代日本の基礎を築いた明治時代。
明治村では、巨匠たちが手がけた建造物を間近に見られる。

> 建築界の巨匠が設計。メインロビーや建物内外の装飾は一見の価値あり

ソロタビPoint

乗り物を上手に利用しよう

村内には明治時代に走行した蒸気機関車や京都市電をはじめ、村営バスが走っている。蒸気機関車と京都市電は村内にある「名古屋駅」で乗り換え可能。

❶ 帝国ホテル中央玄関
ていこくほてるちゅうおうげんかん

| 建築 | 大正12年（1923） |
| 設計 | フランク・ロイド・ライト（アメリカ/1867〜1959） |

20世紀建築界の巨匠による、旧帝国ホテルの中央玄関部。建築空間を平面的なつながりから立体的な構成へと発展させた世界的にも重要な作品。

明治〜昭和初期の建造物を
移築した野外博物館

博物館 明治村
はくぶつかん めいじむら

MAP P114B1

国の重要文化財に指定される11件を含め、明治期を中心とした60以上の歴史的建造物を移築・保存。当時の調度品もしつらえてある建物もあり、かつての優雅な雰囲気をうかがい知ることができる。ハイカラなバーや洋食店、貸衣装に身を包んでの記念撮影など、明治の文明開化を体感しよう。

DATA ☎0568-67-0314 ⊕犬山市内山1 ⊗名鉄名古屋駅から犬山駅まで30分、犬山駅東口から岐阜バス明治村行きで20分、終点下車すぐ ㊅1700円 ㋐9時30分〜17時（季節により変動あり）㋭要問合せ※料金は変更の場合あり、詳細はHPへ

> 入口扉は高価な木材種の木目を描く木目塗という技法で塗装されている

❷ 三重県庁舎
みえけんちょうしゃ

| 建築 | 明治12年（1879） |

間口54m。玄関を軸に左右対称になっており、正面側には2層のベランダが廻らされている。当時の典型的な官庁建築を見て取れる。

❸ 聖ヨハネ教会堂
せいよはねきょうかいどう

| 建築 | 明治40年（1907） |
| 設計 | ジェームズ・ガーディナー（アメリカ/1857〜1925） |

> 会堂内部は化粧の小屋裏が見える。天井は竹の簀の子、光を反射させ開放感を演出

1階がレンガ造り、2階が木造、屋根は軽い金属板を使い、地震に配慮したと考えられる設計。構造自体が優れたデザインとして外観・内観に表れている。

北口

SL東京駅

SL東京駅売店

❶ 帝国ホテル中央玄関
「食道楽のコロッケ」の店

内閣文庫

川崎銀行木店

隅田川新大橋

大明寺
聖パウロ教会堂

金沢監獄中央看守所・監房
「明治の監獄体験」

明治の洋食屋 オムライス＆
グリル 浪漫亭

デンキブラン汽留バー

呉服座

5丁目

聖ザビエル天主堂

工部省品川硝子製造所

博物館明治村簡易郵便局
（宇治山田郵便局の工事期間
中は郵便業務はここで実施）

宇治山田郵便局舎
（2022年10月まで工事のため
内外観とも見学不可（予定））

鉄道寮新橋工場・機械館

入鹿池

SL名古屋駅　市電名古屋駅

4丁目

逍遥の小道

和雑貨 楽

❺ 日本赤十字社
中央病院病棟

❻ 札幌電話交換局
「食道楽の
カフェ」

芝川又右衛門邸

地下通路

東松家住宅

東山梨郡役所　レンガ通り

2丁目

安田銀行会津支店
「食道楽のカレー」
の店

京市
電七
条京

京市
電
品川燈台駅

菅島燈台
附属官舎

市電
品川燈台駅

品川燈台

三重県庁舎 ❷

正門

ミュージアムショップ

牛鍋
大井牛肉店

「食道楽のコロッケ」
と「小倉ドッグ」の店

偉人坂

北里研究所本館・医学館

森鷗外・夏目漱石住宅

和食処 碧水亭

❹ 西郷従道邸

0　　　　　100m

聖ヨハネ教会堂 ❸

1丁目

※スケールはおおよその距離です。

村内バスのりば

ℹ インフォメーションセンター

小牧東ICへ

明治の香り漂うグルメ＆おみやげ

**明治村カステーラ
（プレーン・抹茶）**
各 950 円
◀地元犬山特産の
明治村花はちみつ
を使用した、明治
村みやげの一番人気
（ミュージアムショッ
プ、SL東京駅売店）

オムライス
950 円〜
▲日本で生まれた洋食料理の代表
格。さまざまなソースで楽しめる（明治
の洋食屋 オムライス＆グリル 浪漫亭）

**明治村オリジナル
SL 手拭い**
770 円
▶明治村を走るSLや代
表的な建物があしらわれた
明治村オリジナルの手拭い
（ミュージアムショップ、SL
東京駅売店、和雑貨 楽）

「明治の建築を後世に残したい」という思いを実
現するため、帝国劇場の設計者でもある谷口吉
郎（たにぐちよしろう）は、金沢の旧制四高時代
の級友・土川元夫（つちかわもとお）（当時名古
屋鉄道社長、のちに同会長となる）に協力を求
め、昭和40年（1965）に明治村を開村した。明
治村では、解体されている建造物のなかから価
値のあるものを選び、順次移築復原を行った。

人間工学に基づいて造
られた廻り階段は、美し
いだけでなく登りやすい

❹ 西郷従道邸
さいごうつぐみちてい

建築 明治 10 年(1877)

半円形のベランダが
特徴的な木造総2階
建銅板葺の洋館。
手摺りや扉金具など
内部を飾る部品はほ
とんどが舶来品。

ガラス張りの廊下は
移築前に北側にあっ
たもので北面を明る
くする意匠

❺ 日本赤十字社中央病院病棟
にほんせきじゅうじしゃちゅうおうびょういんびょうとう

建築 明治 23 年（1890）

設計 片山東熊（日本/1854〜1917）

分棟式の木造洋式病院で、赤坂離宮と同じ片山東
熊の設計。ハーフ・ティンバーを模したデザインが基調
となっている。

胴蛇腹に刻まれた
大きな花紋。全体
の雰囲気を和らげ
る効果がある

❻ 札幌電話交換局
さっぽろでんわこうかんきょく

建築 明治 31 年（1898）

石造2階建、桟瓦葺の建物。1階と2階の窓のデザイ
ンを変え、2階窓下に胴蛇腹花紋を通す手法は西欧
でよく用いられた。

瀬戸への
アクセス

名鉄栄町駅から名鉄瀬戸
線で尾張瀬戸駅まで34分

日本屈指の陶芸の町で観光やショッピングを楽しもう

瀬戸で素敵なせとものを探す

瀬戸市中心街はこぢんまりとしているもののギャラリーや美術館が多数。
日常を豊かにしてくれる素敵な器を見つけに散策を楽しもう。

かつての陶磁器を運ぶ
メインストリート

ソロタビPoint

瀬戸焼って？
瀬戸市一帯で生産される陶磁器のこと
で、日本六古窯のひとつとして知られる。
白く焼き上がる独特の陶土を用いて成
形、絵付けや釉薬で彩ることが特徴。

瀬戸でしか見られない景観
窯垣の小径
かまがきのこみち
MAP P114B2

瀬戸焼の中心地として栄えた
洞地区にある散策路。窯詰め
に用いるエンゴロなどの窯道具
で築いた塀や壁が小径沿いに
続いている。

DATA ☎0561-85-2730(瀬
戸市まるっとミュージアム・観
光協会) 瀬戸市仲洞町 名
鉄瀬戸線尾張瀬戸駅から
徒歩20分 散策自由

窯詰めの際に使用する陶製のツク
(柱)とタナイタの廃材を、積み上げ
て築いた窯垣

せとものの歴史を学べる
窯垣の小径資料館
かまがきのこみちしりょうかん
MAP P114B2

明治期に建築された窯元宅を
改修した資料館。焼物に関す
る貴重な資料を展示し、町の
歴史や文化を紹介。日本の近
代タイル第1号といわれる本業
タイルで装飾された浴室やトイ
レは一見の価値あり。

DATA ☎0561-85-2730(瀬
戸市まるっとミュージアム・観
光協会) 瀬戸市仲洞町39
名鉄瀬戸線尾張瀬戸駅か
ら徒歩20分 10～15時
水曜(祝日の場合は翌日)

1 瀬戸染付焼の便器 2 明治の本
業焼の窯元の住居を生かした建物

名産陶器で味わうカフェランチ
マカロニCafe & Bakery
まかろにかふぇあんどべーかりー

MAP P114B2

瀬戸の食器メーカー・マルミツポテリが手がけるカフェ。「STUDIO M」、「SOBOKAI」といった自社の器で、グラタンやパスタを提供する。食器を扱うショップも併設。

DATA ☎0561-88-1211 ⊕瀬戸市祖母懐町45 ソボカイデポ2階 ◉名鉄瀬戸線尾張瀬戸駅から徒歩15分 ⏰10時～17時30分LO 休火曜

パスタランチ1600円。ランチタイムは11～14時LO

新しい風を感じる先進的な品々
ギャラリー太陽
ぎゃらりーたいよう

MAP P114B2

若手陶芸作家の作品を紹介・販売する。瀬戸の伝統的な技法を用いるだけでなく、若い感性が光る新しい作品も多い。企画展や個展が開催されることも。

DATA ☎0561-84-8588 ⊕瀬戸市栄町1 ◉名鉄瀬戸線尾張瀬戸から徒歩7分 ⏰11～18時 休月～金曜（祝日の場合は営業）

1 クロノユキコ作のトルコシリーズボトルS3780円～ **2** 三浦順治作の平鉢972円 **3** 普段づかいできる器が揃う

甘味を古民家で味わう
古民家 久米邸
こみんか くめてい

MAP P114B2

明治41年(1908)築の古民家をリノベーションしたカフェ&ギャラリー。書院造りの和室が残る母屋をカフェに、週末は雑貨を扱う離れもある。

DATA ☎0561-84-5396 ⊕瀬戸市朝日町49-3 ◉名鉄瀬戸線尾張瀬戸駅から徒歩6分 ⏰11～17時 休火・水曜（離れは土・日曜、祝日のみ営業）

1 久米邸特製の黒糖くずもちは玄米茶付きで600円。もっちりとろける食感がいい **2** 趣ある古民家でのんびりと

若手陶芸家による作品
ギャラリーもゆ
ぎゃらりーもゆ

MAP P114B2

女性陶芸家・野村晃子さんが運営&プロデュースするギャラリー。作品発表の場として、瀬戸市にゆかりある若手作家の陶磁器を中心に展示・販売。絵付け体験2800円～（要予約）もできる。

DATA ☎0561-85-8100 ⊕瀬戸市朝日町48-1 ◉名鉄瀬戸線尾張瀬戸駅から徒歩4分 ⏰11～17時 休火・水曜（祝日の場合は営業）

1 淡い色使いがかわいいディナー皿6000円、飯碗5000円 **2** 女性好みの作品が並ぶ

1 安藤喜代子 ネコ柄の器3000円 **2** 雑貨も販売。要予約で絵付け体験もできる

山小屋風の内装がかわいい
ギャラリー・カフェ てしごと屋
ぎゃらりー・かふぇ てしごとや

MAP P114B2

かき落とし技法で猫や花のイラストを付けたマグカップや皿が揃う。愛らしくカラフルでいて、日常づかいできる器は女性客からの支持が厚い。

DATA ☎0561-82-4314 ⊕瀬戸市赤津町63 ◉名鉄瀬戸線尾張瀬戸駅からタクシーで11分 ⏰9時30分～16時 休月～水曜

普段づかいできる器が豊富に揃う
喜多窯 霞仙
きたがま かせん

MAP P114B2

300余年の伝統を受け継ぐ由緒ある窯元。瀬戸の資源を生かした陶土と釉薬を使った作品にこだわりながらも、現代の暮らしに合うおしゃれな器をリーズナブルに販売している。

DATA ☎0561-82-3255 ⊕瀬戸市赤津町71 ◉名鉄瀬戸線尾張瀬戸駅からタクシーで12分 ⏰10～17時 休水曜、不定休

1 織部千鳥型向付 2000円 **2** 菊皿(瑠璃釉)小1000円～

やきもの散歩道を
代表する風景

1000年以上の歴史をもつ陶都
常滑のやきもの
散歩道を歩く

赤レンガの煙突や窯屋が続く「やきもの散歩道」は愛知屈指の人気スポット。伝統的な焼物やかわいい器を探しながら、カフェやギャラリーにも立ち寄ろう。

ソロタビ Point

散策にはAコースがおすすめ

散歩道には2コースあるが、約1.6㎞、所要時間約1時間半のAコースは小高い丘の散歩道をぐるりとまわるコース。案内板を目印に歩こう。

常滑へのアクセス

名鉄名古屋駅から名鉄常滑線特急で常滑駅まで30分

ふるさとの坂道30選にも選出

土管坂 どかんざか

MAP P114A3

明治時代の土管や昭和初期の焼酎瓶が、壁や道にびっしりと埋め込まれた坂道。常滑を代表する風景のひとつで、撮影スポットとしても人気が高い。土管坂の上には見晴らしのいい休憩所も。

DATA ☎ 0569-34-8888(常滑市観光案内所) ⊕常滑市栄町6 ⊗名鉄常滑線常滑駅から徒歩8分 ⊕⊛散策自由

意外と急な坂道なので、歩きやすい靴で

創設は明治20年(1887)。現存する登窯としては国内最大級

貴重な窯の内部を見学

登窯(陶榮窯) のぼりがま(とうえいがま)

MAP P114A3

国の重要有形民俗文化財に指定された窯。明治20年(1887)ごろに開かれ、昭和49年(1974)まで実際に使用されていた。8つの坑成室を連ねた登窯は全長22mで現存する日本の窯では最大級。

DATA ☎ 0569-34-8888(常滑市観光案内所) ⊕常滑市栄町6 ⊗名鉄常滑線常滑駅から徒歩10分 ⊕⊛散策自由

窯場跡や煙突のある風景

窯場跡 かまばあと

MAP P114A3

現在では使われていないレンガ造りの窯場跡。常滑の伝統様式である倒炎式角窯をはじめ、かつて窯がここに集中していたことを思わせる煙突など、常滑ならではの風景を楽しめる。

DATA ☎ 0569-34-8888(常滑市観光案内所) ⊕常滑市栄町6 ⊗名鉄常滑線常滑駅から徒歩7分 ⊕⊛散策自由

散歩道の脇道にあるので、見落とさないよう注意しよう

おしゃれなリノベカフェ
MADOYAMA
まどやま
MAP P114A3

築60年という元・土管工場をリノベーション。1階では作家の器や雑貨を販売、2階は作家の器を用いて料理を提供するカフェに。自家製のカレーやスイーツが好評。

DATA ☎ 0569-34-9980 ⊕ 常滑市栄町3-111 ⊗ 名鉄常滑線常滑駅から徒歩9分 ⊕ 10～17時 ⊛ 無休

1 トマトベースのベジタブルカレー・パンセット1404円 **2** 器を中心に生活雑貨を扱う

巨大な招き猫に感動する絶好のフォトスポット
とこにゃん とこにゃん
MAP P114A3

常滑の見守り猫として愛される、高さ3.8m、幅6.3mの巨大な招き猫のオブジェ。常滑有数の撮影スポットとしても観光客に人気があり、特に北山橋の上から一緒に撮るのがオススメだ。

壁の上から顔をのぞかせている

DATA ☎ 0569-34-8888（常滑市観光案内所）⊕ 常滑市栄町2 ⊗ 名鉄常滑線常滑駅から徒歩6分 ⊕ 散策自由

使い勝手がよく、飽きがこないものが揃う
SPACE とこなべ
すぺーす とこなべ
MAP P114A3

常滑焼を扱う専門店。常滑在住の作家による、作り手の想いが詰まった作品をセレクトする。特に急須は、伝統的な朱泥急須から現代的な作品まで、価格帯も幅広く販売。

DATA ☎ 0569-36-3222 ⊕ 常滑市栄町6-204 ⊗ 名鉄常滑線常滑駅から徒歩10分 ⊕ 10～16時（土・日曜、祝日は～17時）⊛ 火・水曜

1 急須、湯呑み5個セット1万3200円。水野陽景作 **2** 急須 鯉江廣

1 個性が光る若手作家の作品が多数揃う **2** 親子地蔵 8㎝ 3800円 **3** 山田千代子/招き猫 9㎝ 3200円

器やお地蔵さんを販売
ギャラリーほたる子
ぎゃらりーほたるこ
MAP P114A3

地元で活動する30人以上の陶芸家の作品や、店主が手作りするお地蔵さんを販売しているギャラリー。「登窯（陶榮窯）」の前に立つ。

DATA ☎ 0569-36-0680 ⊕ 常滑市栄町6-140 ⊗ 名鉄常滑線常滑駅から徒歩9分 ⊕ 10～17時 ⊛ 木曜

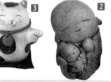

暮らしのなかに息づく常滑焼を提案
morrina
もりーな
MAP P114A3

モダンなデザインから伝統の器まで、普段づかいを考えて陶器をセレクト。さまざまな作家の器に出会える。オーナーの眼鏡にかなった手仕事の作品は、日常を豊かにしてくれる逸品ばかり。

DATA ☎ 0569-34-6566 ⊕ 常滑市栄町7-3 ⊗ 名鉄常滑線常滑駅から徒歩9分 ⊕ 10～17時 ⊛ 水曜

1 作家の個性が光る器が揃う **2** 堀田憲児作のマグカップ2200円 **3** 千葉光広作のポット1万1000円

自家製パンのホットドッグが評判
3.3m2bake
ひとつぼべいく
MAP P114A3

ホットドッグやコーヒーが楽しめる小さな店。全粒粉入りの自家製パンはサクッとした食感で、肉汁たっぷりの粗挽きポークウインナーとよく合う。お惣菜ドッグなども人気だ。

DATA ☎ 090-4182-7610 ⊕ 常滑市栄町6-140 ⊗ 名鉄常滑線常滑駅から徒歩15分 ⊕ 11～15時 ⊛ 不定休

マイルドな辛さのチリドッグドリンクセット850円

ソロタビPoint

まわり方のコツをチェック

イルカ、シャチ、ベルーガのイベントスケジュールをチェックしてから午前中に北館、午後から南館をまわるのがおすすめ。

カマイルカのアイが「垂直バレルロール」という技を披露！

海のアイドルたちのパフォーマンスが充実！

名古屋港水族館で海の生き物とふれあう

かわいくてユニークな海の生き物が集まる東海エリア屈指の規模の水族館。
パフォーマンスやふれあいイベントも豊富で、ひとりでも思いっきり楽しめるのが魅力だ。

Refreshing

イルカパフォーマンス

北館3階 スタジアム

|回数| 1日3～4回 | 時間 | 20分 |

日本最大を誇る、長さ60m、幅30m、最大水深12mのプールにて、イルカたちが華麗なジャンプやフリスビーキャッチなどを披露。夏期はトレーナーとの水中演目も行われる。

息のあった連続ジャンプは迫力満点！

ベルーガ公開トレーニング

北館3階 オーロラの海

|回数| 1日2～3回 | 時間 | 15分 |

キュートで頭のよいベルーガたちが、トレーナーの指示に従って、水中をくるくると回ったり、水を吹き上げたり、ボールを運んだり…。

シャチ公開トレーニング

北館3階 スタジアム

|回数| 1日2～3回 | 時間 | 15分 |

飼育員によるシャチの解説トークを聞きながらトレーニング風景を見学。名古屋生まれのシャチ「リン」がジャンプを披露。

たくさんの海の仲間に会える水族館

名古屋港水族館

なごやこうすいぞくかん

MAP P115A3

約500種、5万点もの海の生物を展示。人気のイルカパフォーマンスではイルカたちの華麗なジャンプが圧巻！またシャチやベルーガの公開トレーニング、魚やペンギンのエサやりを間近で見られるフィーディングタイムも楽しい。

DATA ☎052-654-7080 ⊕名古屋市港区港町1-3 ⊗地下鉄名港線名古屋港駅から徒歩5分 ⊛入館2030円 ⊕9時30分～17時30分（冬期は～17時、GW・夏期は～20時）※入館は各60分前まで ㊡月曜（祝日の場合は翌日、GW、7～9月、冬・春休み期間は無休）

カメラを操作してサンゴの好きな部分をアップで観察できる

マイワシのトルネード

南館2階 黒潮大水槽

回数 1日2〜8回　時間 5分

約3万5000匹ものマイワシが水槽に投げ込まれたエサに群がり、照明に照らされたウロコがキラキラ光り輝くさまがとても幻想的。ほかにも普段なかなか見られない動物たちのリアルな姿を間近で確認しよう。

マイワシのトルネードは名古屋港水族館が元祖!

幻想的なサンゴ

南館2階 ライブコーラル水槽

飼育がたいへん難しいといわれる生きたサンゴを展示する。その数、現在なんと約20種250点!こんなに多くの生体サンゴを見るチャンスはめったにない。美しいので見ているだけでうっとり。

ハナガササンゴの仲間、ハナヤサイサンゴの仲間などがカラフルな水中世界を演出!

ペンギンの フィーディングタイム

南館3階 ペンギン水槽

回数 1日2回　時間 10分

イカナゴやホッケを、つるりと丸飲みする姿が愛らしい。飼育員による、ペンギンの不思議な生態についての生解説も必聴。

◇ ◇ **みやげ&グルメもCHECK!**

ミュージアムショップの塩キャラメルチョコレートクランチ 750円

フランス菓子の名店「シェ・シバタ」とのコラボで大人気!

フードテラス「トータス」の海パン 各380円

シャチやウミガメなどのかわいいパンが好評

レストラン「アリバダ」のシャークステーキ 1580円

大型水槽の魚を眺めながらサメの肉を味わおう

飛行機に乗らない人も楽しめるレジャースポットとして人気

空の玄関口・セントレアで遊ぶ

飛行機に乗る人はもちろん、乗らない人も一日楽しめるレジャースポット、セントレア。レストランやショップをはじめ、飛行機テーマパークもあり、魅力満載だ。

スカイデッキ。全長約300m、先端に行けば誘導路まで約50m

遊・食・買・湯と揃ったエンタメ空港

中部国際空港セントレア

ちゅうぶこくさいくうこう せんとれあ

MAP P114A3

2005年に開港した中部エリアの空の玄関口。日本の主要な国際空港のひとつであり、「エンタメ空港」としても人気。飛行機の離発着はもちろん、なごやめしが味わえる食事処やセントレアならではのグッズを扱ったショッピングスポット、リラクセーション施設などが揃う。

DATA ☎0569-38-1195（セントレアテレホンセンター、受付6時40分～22時）（住）常滑市セントレア1-1（交）名鉄名古屋駅から名鉄特急ミュースカイで中部国際空港駅まで28分（時）第1ターミナル4時40分～23時30分（店舗により異なる）（休）無休

4F **スカイデッキ**

間近で飛行機を眺められるオープンデッキ。滑走路に離着陸する飛行機の轟音も迫力満点! 晴れた日の夕景や、滑走路に誘導灯がともる夜もキレイ。

4F **スカイタウン**

ちょうちん横丁

ターミナルビル4階北側。白壁の蔵や瓦屋根の町家が並んだレトロな空間に、約30軒の店が並ぶ。手羽先の「世界の山ちゃん」やカレーうどんの「若鯱家」、展望風呂「風の湯」も。

展望風呂「風（フー）の湯」

てんぼうぶろ「ふーのゆ」

飛行機や夕日を眺めながら極上のひととき。屋外デッキの休憩スペースでは、臨場感のある飛行機の音や海風を肌で感じられる。

DATA ☎0569-38-7070（料）1050円（時）8～22時（受付は～21時）※第3水曜は～18時（受付は～17時）（休）不定休（HPを参照）

大浴場のほかサウナも備えている

FLIGHT OF DREAMS

ボーイング787初号機の実機の展示をメインとした遊べる飛行機テーマパーク。チームラボがプロデュースしたデジタルコンテンツが体験できるフライトパークと、ボーイング創業の街シアトルをテーマとし、グルメやショッピングが楽しめるシアトルテラスの2つのエリアで構成される。ボーイング787の迫力を間近に感じられるのはここだけ。アメリカ国外初出店のボーイングストアにも注目。アメリカから輸入したグッズのほか、ここでしか買えないオリジナルグッズも。

DATA ☎0569-38-1195（セントレアテレフォンセンター）（料）入場1200円。シアトルテラスは入場無料（時）フライトパーク10～17時（最終入場16時30分）、土曜10～19時（最終入場18時30分）、シアトルテラス10～22時（店舗により異なる）（休）無休

1 実機と館内空間をダイナミックに使用したインタラクティブな映像と音のショーは必見 **2** シアトルテラスのフードコートエリア

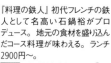

3F 出発ロビー

アリスダイニング クイーン・アリス
ありすだいにんぐ くいーん・ありす

『料理の鉄人』初代フレンチの鉄人として名高い石鍋裕がプロデュース。地元の食材を盛り込んだコース料理が味わえる。ランチ2900円。

DATA ☎ 0569-38-7866 ㊞ ランチ11時～13時30分LO、ティー14時30分～16時LO、ディナー17～20時LO ㊍水曜(祝日除く)

① 写真上は海の幸の贅沢サラダ、下は牛フィレ肉の網焼きわさび風味(写真はイメージ) ② 離着陸する飛行機や伊勢湾を目前に眺める

セントレア銘品館
せんとれあめいひんかん

名古屋エリアはもちろん、東海三県から選りすぐりの「銘品」が揃う。老舗の和菓子や話題のスイーツ、名古屋名物の定番みやげ、限定商品などを取り揃えている。

DATA ㊞ 6時30分～21時(期間限定催事コーナーは8～20時)

① 「関谷醸造」の飛(純米大吟醸)720㎖3300円 ② 「シャンティーヒラノ」の窯出しチーズケーキ 5個1019円 ③ 「ダイナゴン」のふわっとなごん5個入り750円、8個入り1100円 ※価格はすべて税抜

1F センターピアガーデン

自然光と木々に包まれた屋内ガーデンで、キルトを使ったアート作品などが展示されている。

結婚式の会場としても使うことができる。

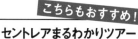

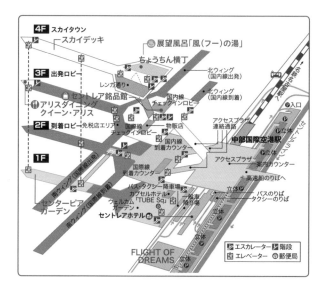

- **4F** スカイタウン
  - スカイデッキ
- **3F** 出発ロビー
  - レンガ通り
  - セントレア銘品館
  - アリスダイニング クイーン・アリス
- **2F** 到着ロビー・免税店エリア
- **1F**
  - センターピアガーデン

展望風呂「風(フー)の湯」
ちょうちん横丁
北ウィング(国内線出発)
北ウィング(国内線到着)
国内線チェックインロビー
国際線チェックインロビー
国内線到着カウンター
国際線到着カウンター
アクセスプラザ連絡通路
物販店
アクセスプラザ
中部国際空港駅
案内カウンター
高速船のりばへ
バス・タクシー降車場
カプセルホテル「TUBE Sq」
乗車場降車場
バスのりば
タクシーのりば
ウェルカムガーデン
セントレアホテル
立体
南ウィング(国際線出発)
南ウィング(国際線到着)

FLIGHT OF DREAMS

🔼エスカレーター 🔼階段
🔼エレベーター 🔼郵便局

こちらもおすすめ！

セントレアまるわかりツアー ターミナルコース

| 所用時間 | 約50分 |
| 参加費用 | 500円 |

ターミナルビル内のみどころを、専属ガイドがわかりやすく解説してくれるツアー。事前予約制(先着順)で、定員にあきがあれば、電話連絡で当日参加もOK！

DATA ☎ 0569-38-7575 ㊞9時30分～、11時30分～、14時30分～、16時30分～(電話受付10～12時、13～16時)

必勝テクニック

楽しいソロタビを満喫するためには、事前のリサーチや手配、準備はしっかりと。
計画の立て方から持ち物、現地での行動術まで、ソロタビのポイントをアドバイス！

TECHNIQUE 1 プランニング & 予約

目的地を決めたら、旅の準備をスタート！ まずは何に乗って向かい、
どこに泊まるかの検討を。すべて自分好みにアレンジできる個人手配か、
リーズナブルで手軽なフリープランかの選択をしよう。

交通手段の決め方・選び方

オトク派のフリープラン
こだわり派の個人手配

　ふらりと出かける気ままさや、自分好みの宿選びにこだわるなら、交通手段と宿を別々に予約する個人手配になるが、旅行会社の「出張プラン」や「おひとり様歓迎の宿」などのプラン、交通と宿泊がセットになったフリープランのほか、航空会社のダイナミックパッケージ※を利用するほか、「るるぶトラベル」などの宿泊予約サイトで交通機関も一緒に予約したほうが、旅費が安く抑えられる場合が多い。

ポイントや注意点

個人手配
個人手配は思いのままに予定を組めるのが魅力だが、デメリットは、フリープランより高くつくこと。LCCやホテルの早割などを上手に利用したい。

フリープランや宿泊予約サイト
選択できる航空便や宿泊施設が限られているほか、一般的に、予約は出発の7〜5日前までのことが多いが、なかには前日までというものも。また、変更・取消料が発生する時期も個別予約より早い等、条件や制限があるので、よく確認してから申し込もう。

宿と交通手段をセットで予約できる主なサイト
るるぶトラベル　https://rurubu.travel/
ANA旅作　https://www.ana.co.jp/
JALダイナミックパッケージ　https://www.jal.co.jp/
など。

予算と時間で比較検討
バスやLCCなどの手段もチェック

　目的地までの手段は、主に飛行機か、新幹線。都市間なら、高速バスの直行便が運行している（→P111）。所要時間、料金、乗り換えの利便性などを比較のうえ、旅行期間や予算に合わせて選択しよう。一般的には、飛行機⇨新幹線⇨高速バスの順に所要時間は短く料金が高いが、LCCの利用、各交通機関の早期予約やキャンペーンなどで、かなり安く利用できる場合もある。

ポイントや注意点

飛行機
大手航空会社では早期の予約ほど料金がオトクだが、早期予約割引は変更ができず、搭乗日までの日数により高い取消料がかかるので注意。LCCは受託手荷物・座席指定・フライト変更が別料金の場合もあるほか、変更や払い戻しなどの条件もそれぞれ異なるので、予約前によく確認を。

鉄道
指定席は出発の1カ月前から購入可能。連休などの混雑時期でなければ、時間を決めず自由席利用も気ままでいい。

高速バス
運賃が安いうえ、路線によっては、2座席を1人で使えるダブルシートや女性専用席を指定できるものもある。長時間の移動となるので、上手に利用したい。

※：ダイナミックパッケージ＝飛行機やJRなどの交通手段と宿を自由に組み合わせて、予約できるツアー商品

インターネット・通信環境

旅のおともは、やはりスマホ
Wi-Fi環境や充電スポットをチェック

近年は外国人旅行者の増加もあって、多くの宿泊施設で、無料Wi-Fiが完備されている。宿で調べ物や充電をしておくと安心。それでも、観光や移動中に充電が不足することもあるので、モバイルバッテリーを持っていこう。なお、携帯ショップのほか、一部コンビニや、家電量販店、ネットカフェには、スマホの充電スポットを備えているところもある。いざというときに覚えておきたい。また、おすすめ観光地を紹介する観光アプリを提供している自治体も多いので、目的地が決まったら調べてみよう。

現地での移動と＋α

観光に便利な交通手段やきっぷ、
現地発のガイドツアーも調べよう

コンパクトな観光地なら、レンタサイクルも気の向くままの旅に便利。一日乗車券なども上手に利用したい。街歩きツアーや、観光施設のガイドツアー、体験プログラムなどに参加すれば、より深い旅が楽しめる。予約が必要な場合もあるので、事前に観光協会などに問合せをしておくといい。

そのほか、街めぐりバスや、夜景や展望スポットをめぐるバスなどの運行がある場合は、ぜひ利用しよう。効率よく、ひとりでは行きづらい場所にも行ける。

なお、車の運転は、自信のある場合はともかく、慣れない土地や道路で集中力が分散しがちなので、できるだけ避けたい。

宿 の 選 び 方

交通拠点から
徒歩5分以内の宿を選ぶ

駅・バスターミナル・繁華街の中心など、旅の交通拠点となる場所から徒歩5分以内の宿を選ぼう。到着日・帰着日に荷物を置いて身軽に行動できる。離れた場所になった場合は荷物を送っておくのも一案。宿を選ぶ際には、地図アプリなどを利用して、コンビニの有無など周辺環境をチェックしておこう。名古屋市内で泊まるなら交通の要所、名古屋駅周辺（→ P84）か繁華街、栄周辺（→ P86）がおすすめ。

ひとり時間重視か
コミュニケーション重視か

「ひとり旅」の時間を楽しむなら、やはりホテルタイプが気ままに過ごせていい。部屋でごはんを食べても侘しくない程度のゆとり（広さ）やおしゃれ感があるとなおよい。

一方、観光重視なら寝るだけと割り切って、進化系カプセルホテルやドミトリーなどもいい。ただ、プライベートスペースが少なく、人の出入りなどが気になる場合も。安全面が気になる女性は、レディスフロアの有無を確認しよう。

TECHNIQUE 2

持ち物チェック!

身軽に出かけたいソロタビ。メインのバッグのほか、観光用のサブバッグを用意して。
サブバッグは小型ガイドブックやペットボトルが入る程度のサイズが望ましい。

身軽が一番! パッキング術

空きスペース

ペットボトル・軽食

折りたたみ傘

衣類

洗面用具・化粧品

衣類　充電器など　タオルなど

衣類(ジーンズ、パーカーなど)

POINT 1
メインバッグは極力小さく
盗難防止のためにも、キャリーバッグはトイレの個室に入るサイズがおすすめ。荷物が少なければリュックスタイルもいい。

POINT 2
衣類は小さく丸める
衣類はたたまず1枚ずつ丸めるほうが、取り出しやすくたくさん入る。下着や靴下もまとめて入れずに小さく丸め、隙間を埋めるのに活用。

POINT 3
こわれものは中央に
電化製品などのこわれやすいものは、クッション代わりに衣類やタオルでくるんで真ん中に入れ、保護しておけば安心だ。

POINT 4
空きスペースを作っておく
買い物をして荷物が増えることも想定し、空きスペースを作っておこう。行き帰りはメインバッグごと宅配便で送ってしまうのもアリだ。

あると便利なもの

旅行に必要なマストアイテムと、あると便利なお役立ちグッズをご紹介。

その1 エコバッグ
ひとりだと忘れ物をしがちなので、荷物はあまり手に持たずに。買ったおみやげや脱いだ上着を入れたりと、何かと活躍する。

その2 除菌シート・ウェットティッシュ
乗り物や食事処、宿の客室などで、ちょっとした汚れが気になるときにさっとひと拭きできると気持ちよい。

その3 輪ゴム&ふせん
輪ゴムはお菓子の袋を留めたり小物をまとめるのに活用。ガイドブックに印目を付けたり、メモにしたりと、ふせんが役立つ。

その4 クリアファイル&レジ袋
チケットやパンフレット、レシートなどはクリアファイルに入れ持ち帰ろう。レジ袋はゴミ袋にも濡れた物を入れるのにも使える。

その5 マスク&のど飴&ストール
乗り物やホテルでの乾燥対策にマスク、のど飴、水などを用意。冷房対策や寒暖差への対応にストールを持ち歩きたい。

持ち物チェック一覧

 メインバッグ **サブバッグ**

メインバッグ		サブバッグ	
□ 衣類	□ ハンドタオル／手ぬぐい	□ 現金・クレジットカード	□ ティッシュ
□ 下着・靴下	□ 日焼け止め	□ スマートフォンなど携帯端末	□ ハンドタオル
□ 羽織物	□ 常備薬	／充電器・モバイルバッテリー	□ ペン
□ 洗面用具	□ 折り畳み傘	□ カメラ／充電池・充電器	□ ペットボトル
□ 化粧品		□ 帽子・サングラス	□ 保険証
		□ ガイドブック	

TECHNIQUE 3

上手な旅のポイント

何でも自分のペースで気ままに楽しめるソロタビ。
安全に充実した旅を楽しむために知っておきたいポイントとは—。

ソロタビ必勝テクニック

ひとりでも困らない行動術

どうする? ひとりごはん…

　ひとりで座りやすいのは、カウンター席（本書の飲食店紹介では、カウンター席の有無を記載しています）。名物の麺類などを夕食にするのも手だ。また、駅ビルの飲食店は比較的ひとりでも利用しやすいし、地元グルメの店が入っていることも多い。ほか、宿でおすすめを聞くもよし、デパ地下などで弁当や地酒を買い、ホテルの部屋で食べるのも気楽でいい。

書店や駅ビル、地元スーパーに行こう

　書店には、地元の情報誌や地元ゆかりの作家の作品、その土地を舞台にした小説などのコーナーが設けられていることもあり、旅をより深めるネタが豊富。また、地元のスーパーや市場、デパ地下をのぞいてみるのも楽しい。ご当地食材を使った惣菜や地域限定商品、地元で愛されるソウルフードのほか、手ごろなおみやげも見つかるかも。

街の概要を把握しよう

　地図アプリなどで、位置確認やルートなどは簡単に検索できるが、ひとりの場合は街の全体像を把握しておくと、行動の際に慌てることが少ない。街に着いたらまずは展望台など高い場所に行き、上から街を眺めれば、周囲の山や川、繁華街などの位置関係を把握できる。周遊バスに乗って、大体の雰囲気や距離感を掴んでおくのもいいだろう。

便利&オトクな情報収集

観光案内所で地図やクーポンを入手

　目的地の駅に着いたら、まずは観光案内所へ。主要駅にはたいてい観光案内所があり、現地ならではの細やかな情報が載った地図やパンフレット類を入手できる。各種施設の割引券やクーポンが付いていることもある。観光スポットまでのアクセスやまわり方なども親切にアドバイスしてくれるので、立ち寄ってみよう。

荷物を預けて、ラクラク観光

　名古屋駅には周辺のコインロッカーの空き状況を調べられる案内板があり、銀時計付近の中央のコンコース、市バスターミナルなど計6ヶ所に設置されている。空いていることを確認してからロッカーに向かえるのでぜひ利用しよう。またジェイアール名古屋タカシマヤのサービスカウンターでは手荷物の一時預かりサービスを行っている（540円〜）。

乗り放題チケットやセット券を活用

　目的地が決まったら、観光協会のホームページや自治体のホームページをチェック。一日乗車券などの乗り放題チケットや、複数の乗り物や観光スポットなどのセット券、美術館やグルメなどをはしごすると割安になる共通券などがないかを調べよう。代表的な観光地を巡るなら、観光ルートバスメーグルの1DAYチケットを購入するのがおすすめ。

防犯のための注意点

慎重な行動で、自分の身は自分で守る!

　治安のよくない場所や通りを把握し、夜は極力通らない。散策時は貴重品をなるべく持たず、ホテルのセーフティボックスに預けよう。SNSへの写真投稿は、位置情報が入ることがあるので注意して。歩きスマホや地図を見ながら歩くのは危険。カフェやベンチで調べてから歩こう。

滞在と散策のヒントをチェック！

何泊で旅行する？ 移動はどうする？ 何を食べる？ など、
名古屋へのソロ旅の疑問にお答えします。
旅のプランニングの参考にしよう。

旅のプランニングで…

巨大な "名駅" が観光の玄関口

地元で "名駅" とよばれている名古屋駅界隈にJR・名鉄・近鉄・地下鉄が集積し、高速バス乗り場や市バスターミナルも駅のそばにある。エキナカや駅近になごやめしを味わえるレストランやおみやげを取り扱うショップが多数ある。モーニングが楽しめる喫茶店も名古屋駅周辺に多い。

お得な一日乗車券もある地下鉄移動がキホン

市内の移動は地下鉄が基本。使用頻度が高いのは、名古屋駅へ連絡する東山線（黄）と桜通線（赤）。あらかじめ路線図を用意しておくと便利。なお、路線ごとに色分けされているので、色で覚えるとわかりやすい。

名古屋駅周辺や栄界隈のホテルに宿泊がおすすめ

名古屋駅周辺はビジネスからハイクラスまで幅広いホテルが集まっている。一方の栄エリアは比較的リーズナブルに宿泊できるホテルが中心。いずれも、周辺に遅くまで営業する飲食店が多いので、夜もたっぷり満喫できる。

市内の主要なスポットは1泊2日でまわれる

名古屋は名古屋駅周辺や栄、大須など、主な観光エリアがギュッと詰まったコンパクトな都市。地下鉄網が発達し、アクセス面がわかりやすくて便利。主要観光施設をまわる観光ルートバス「メーグル」も運行している。

爽やかな春、趣ある秋両シーズンともおすすめ

名古屋の観光は気候が穏やかな春と秋がベストなシーズン。春は例年3月下旬～4月上旬に名古屋城のソメイヨシノが満開に。秋は徳川園の紅葉が、例年11月下旬～12月上旬に見頃を迎える。

主なイベント

- 3月下旬～4月上旬…名城桜まつり
- 8月下旬…にっぽんど真ん中祭り
- 10月中旬の土・日曜…名古屋まつり
- 11月下旬～12月上旬…錦を纏う 徳川園 紅葉祭

便数・早さなら新幹線、安く行くなら高速バス

東京・大阪からのアクセスは新幹線が便利。のぞみなら東京駅～名古屋駅は約1時間40分、新大阪駅～名古屋駅は約50分でアクセスできる。リーズナブル派には高速バスが人気。夜行バスなら東京～名古屋で5000円を切る便も。女性にうれしい全席レディスシートのバスも運行する。

ソロタビ必勝テクニック

喫茶店王国・名古屋の名物「モーニング」を体験して!

名古屋は、都道府県別の喫茶店数が全国2位の喫茶店王国。そんな名古屋喫茶から生まれた文化がモーニング(→P14)。朝、ドリンクを注文すると、多くの喫茶店でトーストやゆで卵が無料でついてくるサービスだ。シロノワールで有名な名物喫茶の珈琲所コメダ珈琲店にも行ってみたい。

名古屋の夜はどう過ごす?

食文化が発達した名古屋は居酒屋も充実。お酒を楽しみたいなら、手羽先(→P10)やどて焼き目当てに行くのもあり。お腹を満たしたあとは、名古屋駅周辺の高層ビルのバー(→P38)に寄り、きらめく夜景を眺めながら贅沢なひとときを過ごしてみては?

名古屋+αを楽しむなら常滑や瀬戸で器探しを

プラス1日あるなら焼物のまちとして知られる瀬戸と常滑へ。ともに、日本六古窯にも数えられる伝統と歴史がありながら若手作家のギャラリーなども多い。名古屋市内からの電車のアクセスも30〜40分と便利。

尾張名古屋の伝統息づく老舗の和菓子をおみやげに

尾張徳川家のお膝元として、茶の湯の和菓子文化が発達した名古屋。両口屋是清(→P71)や美濃忠(→P71)など、江戸時代から続く老舗も多く、伝統の和菓子は老若男女を問わず手みやげに最適。一方で地元パティスリーによる洋菓子も人気で、味噌など名古屋らしい食材を用いたものも。

賑わう名駅&栄エリアと名古屋城は見逃せない

2016〜17年にかけて高層ビルのオープンが続いた名古屋駅周辺は、最も賑わっている注目エリア。繁華街の栄とともに、名古屋の今が体感できる。定番の観光としては、豪華絢爛な名古屋城本丸御殿(→P18)を一度は見たい。

名古屋の迷宮地下街は積極的に歩いて探検を

名古屋駅と栄エリアでは、駅を中心に広大な地下街が形成されている。主要ビルや百貨店にも直結しているため、雨の日は特に重宝する。案内板をチェックしながら歩こう。もしも迷ったら、いったん地上へ。

郷土の味覚"なごやめし"朝から晩まで味わえる

俗に「なごやめし」とよばれる名古屋の郷土グルメは、強烈な個性派揃い。味噌カツや味噌煮込みうどんといった味噌系を筆頭に、ひつまぶし、手羽先、きしめんなど種類も非常に豊富だ。朝昼晩たっぷり食べ尽くすが正解。

なごやめしリスト

- ひつまぶし・味噌カツ・手羽先
- 味噌煮込みうどん・きしめん・あんかけスパ
- 鉄板スパ・台湾ラーメン・味噌おでん　など

名古屋への行き方

名古屋への交通機関は新幹線、飛行機、高速バスなどさまざま。
出発地と、旅のスタイルにピッタリの交通手段を選んでみよう。

鉄道

名古屋駅に直接アクセスできる新幹線は利便性抜群。
本数も多く、効率のよいプランを組みたい場合は鉄道で向かうのがベスト。

東京駅	東海道新幹線「のぞみ」 1時間40分／1万1300円	名古屋駅
新大阪駅	東海道新幹線「のぞみ」 50分／6680円	名古屋駅
大阪難波駅	近鉄特急「アーバンライナー」 2時間10分／4340円	近鉄名古屋駅
博多駅	山陽新幹線「のぞみ」 3時間20分／1万8890円	名古屋駅
長野駅	JR特急「ワイドビューしなの」 3時間／7460円	名古屋駅
金沢駅	JR特急「しらさぎ」 3時間／7460円	名古屋駅
仙台駅	東北新幹線「はやぶさ」 → 東京駅 東海道新幹線「のぞみ」 3時間30分／2万620円	名古屋駅

お得な情報

名古屋への鉄道のお得なきっぷを、JR東海やJR西日本が発売している。
発売期間や利用できない時期、区間に注意が必要。

EX早特21 （JR東海・JR西日本）
東京駅・品川駅⇔名古屋駅 8960円
新横浜駅⇔名古屋駅 8760円
博多駅・小倉駅⇔名古屋駅 1万3240円

乗車21日前までの予約で、「のぞみ」の普通車指定席が割引になる「EX早特21」がお得。利用できる列車は乗車駅を朝6時台と昼11〜15時台に出発する「のぞみ」で、座席数限定。年末年始やGW、お盆には設定のない日がある。予約後の変更も手数料無料で可能（ただし、差額は必要）。
新幹線の乗車駅から名古屋駅までの利用となるため、乗車駅までの運賃は別に必要。
ネット予約サービス「スマートEX」のサイトから、会員登録とクレジットカードの登録をすると、年会費無料で気軽に利用できる。手持ちの交通系ICカードでも乗車できる。

EX早特 （JR東海・JR西日本）
博多駅・小倉駅⇔名古屋駅
1万4460円（平日）1万4260円（土曜・休日）

乗車3日前までの予約で「のぞみ」の普通車指定席が割引になる。土曜・休日はさらにお得になる。座席数限定。年末年始やGW、お盆には設定のない日がある。予約後の変更も手数料無料で可能（ただし、差額は必要）。ネット予約サービス「スマートEX」のサイトから予約をする。

名古屋往復割引きっぷ （JR西日本）
福井駅から 1万50円（4日間有効）
金沢駅から 1万3000円（6日間有効）
富山駅から 1万5600円（6日間有効）

北陸から名古屋まで特急普通車指定席が利用できる往復きっぷ。富山駅〜金沢駅間は北陸新幹線普通車自由席の利用になる。ただし、年末年始やGW、お盆は利用できない。JR西日本のネット予約サイト「e5489」からでも購入できる。

飛行機

北海道や九州・沖縄エリアから名古屋へは飛行機が便利。中部国際空港、名古屋空港ともに名古屋駅まで約30分で行ける交通機関がある。

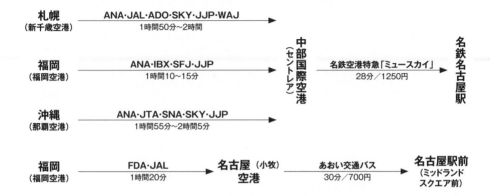

札幌（新千歳空港）→ ANA・JAL・ADO・SKY・JJP・WAJ　1時間50分〜2時間 → **中部国際空港**（セントレア）→ 名鉄空港特急「ミュースカイ」　28分／1250円 → **名鉄名古屋駅**

福岡（福岡空港）→ ANA・IBX・SFJ・JJP　1時間10〜15分 → **中部国際空港**（セントレア）

沖縄（那覇空港）→ ANA・JTA・SNA・SKY・JJP　1時間55分〜2時間5分 → **中部国際空港**（セントレア）

福岡（福岡空港）→ FDA・JAL　1時間20分 → **名古屋（小牧）空港** → あおい交通バス　30分／700円 → **名古屋駅前**（ミッドランドスクエア前）

高速バス

費用を抑えて旅を楽しむならバスがおすすめ。夜行バスを使えば夜のうちに移動でき、朝から観光を楽しめるので効率もよい。

昼行

東京駅八重洲南口 → JRバス関東「スーパーライナー」「新東名スーパーライナー」「中央ライナーなごや」など　4時間56分〜6時間58分／5340円 → **名古屋駅**

大阪駅 JR高速 BT → 西日本JRバス「名神ハイウェイバス大阪」など　2時間56分〜3時間6分／3060円 → **名古屋駅**

夜行

東京駅八重洲南口 → JR東海バス・JRバス関東「ドリームなごや号」「青春ドリームなごや号」など　6時間41分〜7時間45分／4990〜8050円 → **名古屋駅**

問合先

JR東海 ☎050-3772-3910　**JR西日本** ☎0570-00-2486　**近鉄電車**（近畿日本鉄道）☎050-3536-3957
名鉄（名古屋鉄道）☎052-582-5151
ANA（全日空）☎0570-029-222　**JAL**（日本航空）・**JTA**（日本トランスオーシャン航空）☎0570-025-071
SFJ（スターフライヤー）☎0570-07-3200　**IBX**（アイベックスエアラインズ）☎0120-686-009
FDA（フジドリームエアラインズ）☎0570-55-0489　**SNA**（ソラシドエア）☎0570-037-283
ADO（エア・ドゥ）☎0120-057-333　**SKY**（スカイマーク）☎0570-039-283
JJP（ジェットスター・ジャパン）☎0570-550-538　**WAJ**（エアアジア・ジャパン）☎050-3176-1789
JRバス関東 ☎03-3844-0495　**JR東海バス** ☎0570-048-939　**西日本JRバス** ☎0570-00-2424

名古屋でのまわり方

名古屋での移動は地下鉄だけでも十分まわれる。みどころを結んで走る観光ルートバス「メーグル」は、
名古屋城など大きな観光スポットを巡るのに便利。周辺へは名鉄やJRを利用しよう。

鉄道

※〈　〉内は乗換駅です

名古屋市内には、市内をぐるっと環状運転している名城線をはじめ名古屋市交通局が運営する6つの地下鉄路線があり、市内のみどころをまわるのに便利。名古屋駅を通るJR線は、東海道新幹線のほか、東海道線、中央線、関西線がある。長距離の移動はJR線が便利。名古屋から、犬山、常滑、瀬戸方面へは名鉄の各線が延び、鉄道アクセスのメインとなっている。

主要観光スポット	名古屋駅	栄駅	名古屋城	大須	覚王山	熱田神宮	有松
最寄り駅			名城線 市役所駅	鶴舞線 大須観音駅 名城線・鶴舞線 上前津駅	東山線 覚王山駅	JR線 熱田駅 名鉄線 神宮前駅 名鉄線 神宮西駅	名鉄線 有松駅
名古屋駅から		東山線で5分／210円	桜通線で5分➡〈久屋大通駅〉名城線で2分／240円	【大須観音駅まで】東山線で3分➡〈伏見駅〉鶴舞線で2分／210円	東山線で14分／240円	【名鉄線 神宮前駅まで】名鉄名古屋本線で7分／230円	名鉄名古屋本線で18分／360円
栄駅から	東山線で5分／210円		名城線で3分／210円	【上前津駅まで】名城線で3分／210円	東山線で9分／240円	【名城線 神宮西駅まで】名城線で10分／240円	名城線で7分➡〈金山駅〉名鉄名古屋本線で13分／510円

メーグル

9時30分〜17時の間、火〜金曜は30分〜1時間ごと、土・日曜、祝日は20〜30分ごとの運行で、月曜（祝日の場合は翌平日）と年末年始は運休する。ねだんは1回乗車210円、「メーグル1DAYチケット」は500円。一日乗車券（地下鉄全線24時間券をのぞく）でも乗車できる。

お得な情報

一日乗車券（名古屋市交通局）

名古屋市で一日遊ぶなら便利でお得。名古屋市内の観光施設の入場料などが割引になる特典もある。
● バス・地下鉄全線一日乗車券　870円　● 地下鉄全線24時間券　760円
● バス全線一日乗車券　620円　● ドニチエコきっぷ（毎月8日と、土・日曜・休日などに有効）　620円
【発売】地下鉄券売機、バス車内、交通局サービスセンターなど

名古屋駅構内案内図

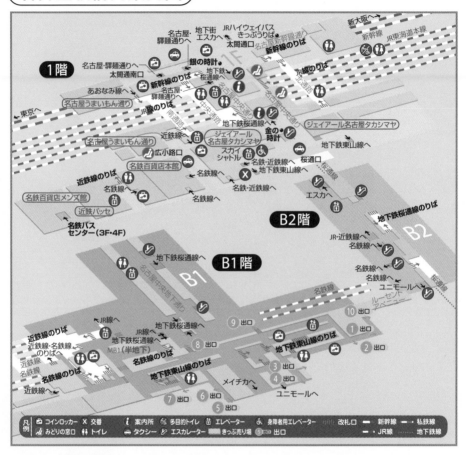

乗り換え案内

東海道新幹線・JR各線 → 市営地下鉄:所要10〜15分

名古屋駅に乗り入れているのは、桜通線と東山線の2つ。栄エリアに行くなら東山線に乗り換え。東山線は桜通口側の地下に、桜通線はJR中央コンコースの地下に、それぞれホームがある。

東海道新幹線・JR各線 → 名鉄・近鉄:所要15分以上

名鉄、近鉄とも、桜通口側の地下ホームとなっており、新幹線からだと乗り換えに時間がかかるので覚えておこう。

東海道新幹線 → JR各線（東海道・中央・関西線）:所要6〜7分

新幹線は一段高くなったところにあるホームから発着している。

東海道新幹線・JR各線 → あおなみ線:所要8〜10分

あおなみ線はJR線と同じ構内の南側にホームがあり、在来線からは南通路の太閤通南口が便利。新幹線などからは一度改札口を出て、太閤通口側のあおなみ線改札口へ。

名古屋周辺図

伊勢湾

太平洋フェリー

名古屋港

中部国際空港 セントレア

P102

P99 SPACE とこなべ
P99 3.3m2bake
P99 MADOYAMA
P99 morrina
P99 ギャラリーほたる子
P99 とこにゃん
P98 登窯(陶榮窯)
P98 窯場坂
P98 土管坂

常滑

りんくう

セントレア東

P115

P92 国宝 犬山城
P92 三光稲荷神社
P93 どんでん館
P93 からくりミュージアム
(犬山市文化史料館)
P93 豆腐かふぇ 浦嶌
P93 藤澤製菓
P93 犬山あんこ
P93 山田五平餅店

博物館 明治村

P94

喜多窯 霞仙 P97
ギャラリー・カフェ てしごと屋 P97
ギャラリーもゆ P97
ギャラリー太陽 P97
マカロニ Cafe&Bakery P97
窯垣の小径資料館 P96
古民家 久米邸 P97
窯垣の小径 P96

岐阜県

三重県

愛知県

N

0   10km

114

名古屋全体図

名古屋中心図

N

1km

名古屋駅周辺

N
0 1km

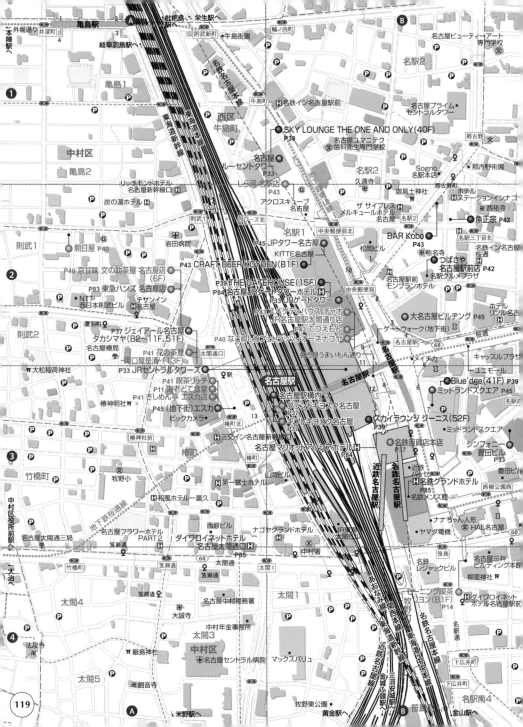

亀島駅
本陣駅へ
外堀通り
井深町
枇杷島・栄生駅へ
則武新町
牛島街園
輪ノ内町

岐阜羽島駅へ

名古屋ビューティーアート
専門学校

名駅2

牛島町
名鉄イン名古屋駅前

❶

亀島1

中村区

亀島2

西区
牛島町

那古野

名鉄イン名古屋駅前

名古屋プライム
セントラルタワー

名駅2

那古野街園

SKY LOUNGE THE ONE AND ONLY(40F)
P38

Sogno
名駅本店

名古屋ユマニテク
歯科衛生専門学校

那古野

ホテル
ステーションイン名古

リッチモンドホテル
名古屋新幹線口

名古屋
ルーセントタワー
P33

しら河 名駅店
P43

名駅2
久遠寺

迦具土神社

那古野

炭の湯ホテル

アクロスキューブ
名古屋

ザ サイプレス
メルキュールホテル

名駅2

魚正宗 P42

西církei_

則武1

エフ北

名駅1

中央郵便局北

松岡ビル

BAR Kobo
P43

朝日屋 P40

岩田病院

JPタワー名古屋
P45

名鉄イン名古屋駅前
P42

則武1

京日味 文の助茶屋
P40

名古屋店
(6F)
P43 CRAFT BEER KOYOEN(B1F)

つばさや

称念寺

名駅3丁目北

❷

NTT
西日本則武ビル

チサンイン
名古屋

THE GATEHOUSE(15F)
P39

名古屋駅前
モンブランホテル

名駅グルメプラザ

P83 東急ハンズ 名古屋店

P84 名古屋JRゲートウェイホテル

中央郵便局

則武2

鷹羽町

P33 JRゲートタワー

大名古屋ビルヂング P45

ホテル
リソル名古

ジェイアール名古屋
P37
タカシマヤ(B2〜11F,51F)

P43 スパゲッティハウス チャオ
JR名古屋駅太閤通店

ゲートウォーク(地下街)

キャッスルプラザ

大松稲荷神社

花の茶屋
P41
両口屋是清(13F)

P40 なだ万 フェアラック オーネナゴヤ
てつえもん

名古屋うまいもん通り

メイチカ

ユニモール

則武2

椿神明社前

P33 JRセントラルタワーズ

駅

名古屋駅

名古屋駅

11

12

Blue'dge(41F) P39
ミッドランドスクエア P45

P41 喫茶リッチ

P11 海老どて食堂

名駅

椿神社前

P41 きしめん亭 エスカ店

エスカ(地下街)エスカ

ビックカメラ

椿町北

名古屋駅構内
グランドキヨスク名古屋
キヨスク名古屋

スカイラウンジ ジーニス(52F)
P39

ミッドランドスクエア

名鉄百貨店本店

シンフォニー
豊田ビル

❸

竹橋町

牧野小

三交イン名古屋駅新幹線口

山岡ビル

近鉄名古屋駅

近鉄
パッセ

名鉄グランドホテル
P85
名鉄メンズ館

豊田ビル P33

西柳公園西

竹橋町

中村区役所前駅へ

大治

法泉寺

名古屋フラワーホテル
PART2

第一富士ホテル

和風ホテル一富久

椿町

名鉄名古屋駅

ナナちゃん人形

HAL名古屋

地下鉄桜通線

名古屋マリオットアソシアホテル
P84

ヤマダ電機

名古屋太閤通三局

西原ビル

ナゴヤグランドホテル

ダイワロイネットホテル

名古屋太閤通口

太閤通

太閤通口
P85

中村町

名鉄
レジャックビル

名古屋三井
ビルディング本館

柳里神社

竹橋町

笹瀬通

太閤1

太閤4

大誠寺

太閤通

名古屋中村税務署

モーニング喫茶
リヨン(B1F)
P14

ダイワロイネット
ホテル名古屋駅前

太閤3

中村区

牧野通

❹

法泉寺

厳島神社

名古屋中村セントラル病院

マックスバリュ

名古屋年金事務所

観音寺

名駅南4

下広井町

下広井町

米野駅へ
黄金駅へ
笹島駅へ
金山駅へ

栄

N

0 ———— 200m
丸の内駅

浅間町駅へ

B

丸の内3

① 浅間神社 P38
中橋街園
丸の内1
丸の内2
ホテル1・2・3
名古屋丸の内
P69 CECILIA
中区

那古野1
桜橋
ジャストイン プレミアム
名古屋駅前
フコク生命ビル
丸の内局
教授寺
22
丸の内駅
地下鉄桜通線
桜通本町
本町通
本町通
P19

中村区
伝馬橋
桜通伏見
三井住友海上
名古屋ビル
三生生命
名古屋ビル
名古屋商大名古屋
キャンパス丸の内タワー
日本銀行
伝馬町通
桜通本町
桜天神社
十六銀行名古屋ビル
R&Bホテル名古屋錦
桜通3

名古屋駅
光明院
名古屋駅名五局
錦1
泥江縣神社
木挽町通
名古屋伊藤忠ビル
延命院
錦2
袋町通
グレイスイン名古屋
福生院
東横イン
名古屋錦
錦3

名駅5
浄信寺
中ノ町通
御園小
名古屋リッチホテル錦
ユーキホテル
西鉄イン名古屋錦
福泉寺
ホテル
トラスティ名古屋
長者町通
本重町通
常瑞寺
ラグナスイート名古屋
P86
サンホテル名

②
錦橋
下園公園
総本家えびすや本店 栄店
P7

名古屋駅東へ
地下鉄東山線
地下鉄東山線
べら珈琲 栄店
P65
朝日神

② 名古屋ビーズホテル P85
伏見駅
錦通

ホテルJALシティ名古屋錦
山本屋本店 広小路伏見店
P6
名古屋ATビル
名古屋観光ホテル P85
広小路伏見
広小路伏見
広小路通
広小路本町
コンフォートホテル
名古屋伏見
名古屋栄
東急REIホテル
P86
名古屋

広小路伏見(なごや観光)
ルートバスメーグル
名古屋観光ホテル P85
日土地
名古屋ビル
でんきの科学館
P59 boulangerie
pâtisserie &
ANTIQUE 栄店
名古屋栄
ワシントンホテル
プラザ
名古屋
ガーラント
ホテル

③
アムナットビル朝日会館
リッチモンドホテル
名古屋納屋橋
ヒルトン名古屋 P85
御園座
P83 御園小町
名古屋伏見
モンブランホテル
ハミルトンホテルレッド
P11 スパゲッティハウス
ヨコイ 住吉店(2F)
GEMS栄

名駅南
天王崎橋東
テラッセ納屋橋
天王崎橋
三蔵通
中区
三ツ蔵通北
P67
伍味西本店
ホテルウィング
インターナショナルセレクト名古屋栄

名駅南2
名古屋商工会議所ビル
科学館西
山本屋総本家 本店
P6

長園寺
名古屋市科学館 P61
栄2
P64 Maison YWE

エディオン
栄小
洲崎神社
仲ノ町公園
白川公園
名古屋市美術館
P60
美術館通
矢場町通
P58 SEANT

新洲崎
JCT
石神神社
白川公園
名古屋市美術館
P60
若宮八幡宮
P58 Laugh &(2F)
P59 THE CUPS SAKAE
若宮龍神社
政秀

④
新洲崎
JCT
若宮大通
若宮大通公園
若宮

名駅南3
洲崎秋葉神社
白川公園前
日出神社
大須観音駅
阿弥陀寺
極栄寺
名古屋中районの

大須1
聖運寺
佛туゆ寺
大須2
日ノ出町通
大光院
栄名院
萬年

A
金山駅へ
清安寺
B

名古屋市
北区

名鉄瀬戸線

森下駅

大曽根駅

大曽根駅

ナゴヤドーム前矢田駅へ

中央本線

尼ヶ坂駅

清水駅

片山神社
社宮司神社
延命閣地蔵院
市立工芸高
本覚寺
大曽根年金事務所
片山八幡神社

長久寺
金城学院中
日本キリスト教団
中京教会
龍珠寺
瑞忍寺
養行寺

徳川園 P52

太子寺

文化のみち 百花百草 P22
出来町通

P54 徳川美術館
名古屋市蓬左文庫

名古屋市東局
名古屋市東局

旧豊田家の門・塀 P22

三菱UFJ銀行
貨幣資料館
御菓子所 芳光 P70

旧春田鉄次郎邸 P23

徳源寺
覚音寺

旧豊田佐助邸 P23

カトリック主税町教会
中京教会
文化のみち
撞木館 P23

明倫小

税町公園
山吹谷公園
園勝寺

愛知商高
あずま中

東区役所
東区役所
建中寺

善光寺

川井屋 P7
養念寺

東区

法恩寺

大光寺
一乗院
室寺観音院

建中寺公園
筒井小

正覚寺

千種区

キャバラン P15

橋妙寺

正光寺

七小公園
自覚寺

萬福寺
萬寿院

名古屋都通局

洋菓子喫茶 ボンボン P15
遍照院

日本キリスト教団
金城教会

永平寺別院

愛知大車道キャンパス
名古屋車道局

桜通

内山公園

P120-121
光照院

車道駅

物部神社

P124 下図

高岳駅

妙本寺
本正寺
地下鉄桜通線

覚正寺

ヤマダ電機

中央病院
安瀬院
葵小
布池カトリック教会
喫茶 ユギ P16

玄関寺
名古屋葵局

宗受院
赤萩街園

ホテルレオパレス
名古屋

妙泉寺
名古屋文化短大
地下鉄東山線
ホテルメルパルク名古屋
ホテルレオパレス
名古屋

新栄町駅

千種駅

今池駅

第2号
栄公園
東新町

千種駅

池下駅へ

名古屋
急ホテル

広小路通
東新町

元祖台湾カレー 千種店 P10

魚山寺
智光院

日本バプテスト
名古屋キリスト教会

正福寺

今池駅

善久寺

白山中
宝林寺
新栄小
中央院
専明寺

芳珠寺
光福寺

田町JCTへ C 鶴舞公園へ 吹上公園へ D 吹上駅へ

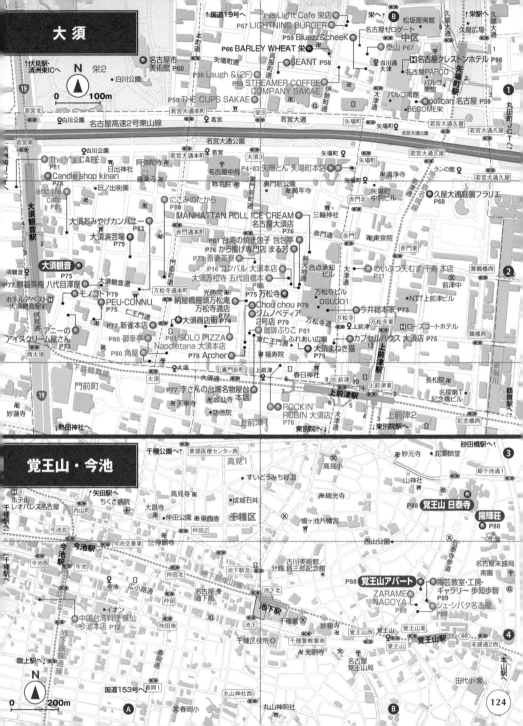

大須

国道19号 ■P65 Light Cafe 栄店
P67 LIGHTNING BURGER
P59 Bluezz&cheek
P66 BARLEY WHEAT 栄
SEANT P58
P58 Laugh & (2F)
P58 STREAMER COFFEE
COMPANY SAKAE
P59 THE CUPS SAKAE

栄へ 松坂屋南館
栄 B 中区
名古屋ゼロゲート
泰山 P67
白川通 大津
名古屋クレストンホテル P86
名古屋PARCO
パルコ
東館
パルコ南館
pelican 名古屋 P59
BECOME栄

栄駅へ
久屋広場

矢場町駅

丸田町JCTへ
1

伏見駅・
清州東ICへ
栄2
白川公園
N
0 100m

名古屋市
美術館 P60

名古屋高速2号東山線

白川公園
若宮
若宮大通公園
矢場町
矢場町
栄3
若宮大通
若宮大通公園
若宮大通久屋

若宮北

若宮南

The Y's CAFE P81
Candle shop kinari
eric life café P81

大須観音駅

須観音

大須観音
P75

白川公園
日出街道
阿弥陀寺
日ノ出街園
にこみのたから P80
MANHATTAN ROLL ICE CREAM 名古屋大須店 P76
大須おみやげカンパニー
P83
大須演芸場 P75
P81 台湾の焼き包子 包悠亭
P76 から揚専門店 まる芳
P73 吾妻茶寮
P16 コンパル 大須店
大須万松寺 五代目橋本
P80

若宮大通本町
若宮
名古屋市中日ビル P4・83 矢場とん 矢場町本店
萬年寺
三輪神社
赤門通
赤門通本町
新天合点承知ビル
万松寺
万松寺ビル
OSU301

矢場町

清浄寺

矢場町
中向ビル
P68 久屋大通庭園フラリエ
矢場町
赤門東
東泉寺
赤門東
めいふつ天むす 千寿 本店 P11
NTT上前津ビル
今井総本家 P72
前津中
ローズコートホテル
錦橋西

舞鶴西
2

門前町
大須観音通
P77 饅福茶庵 八代目澤屋
ホテルアベスト 大須観音駅前
モノコト P79
PEU・CONNU P75
一王門通
新雀本店 P77
アニーの
アイスクリーム屋さん P73
P80 御幸亭
角屋
Napoletana 大須店
P80 Archer P78

西大須

地下鉄鶴舞線
門前町

妙蓮寺

P77 李さんの台湾名物屋台 本店
天寧寺
功徳院

19

熱田神社へ

大須商店街 P77
納屋橋饅頭万松庵
万松寺通店
Chou chou P79
ジムノペディア 2号店 P74
珈琲ぶりこ P81
東仁王門通
SOLO PIZZA P81
福寿院

大津通
ふれあい広場
大須まねき猫 P79
カプセルハウス 大須店 P79
P77

大須万松寺
万松寺通
万松寺東

12
上前津駅

記念橋東

上前津
9
上前津2

新堀川

鶴舞駅へ

3

大通
大須通
裏門前町
上前津
春日神社
上前津
10 上前津
ROCKIN' ROBIN 大須店 P76
東別院駅へ
東別院駅へ

上前津駅
金仙寺
長松院
名鉄第一記念ビル
記念西

N
0 100m

覚王山・今池

千種公園へ
東部医療センター西
高見1
高見小
山神社
砂田橋駅へ
妙元寺
鉈薬師堂
姫ケ池通1

矢田駅へ
ホテルレオパレス名古屋
ちくさ病院
内山町
今池北
今池
今池駅
今池駅
今池西
千種駅へ
吹上駅へ

高見寺
大昌寺
仲田公園
仲田2
浄願寺

成城石井
東西寺
千種区

すいどうみち緑道
瑞光寺
蛤ケ池八幡宮
西山公園
古川美術館分館 爲三郎記念館

覚王山 日泰寺 P88
揚輝荘 P88

覚王山アパート P88
陶芸教室・工房・ギャラリー 歩智 P89
ZARAME NAGOYA P89
シェ・シバタ名古屋 P89

名古屋末盛局南園

中国台湾料理 味山 今池本店 P12
イオン
名古屋市池下局
池下駅
千種区役所
千種警察署南
光明寺
本山駅へ

名古屋高速池下局
仲田北
仲田
名古屋高速

池下駅北
千種署

妙翔寺
覚王山
覚王山東
覚王山
覚王山駅 60

N
0 200m

国道153号へ 春岡1
吹上駅へ
春岡通
春岡
鶴舞線
妙蓮寺
丸山神社西
丸山神明社
春岡小
岡崎小
田代小

A
B

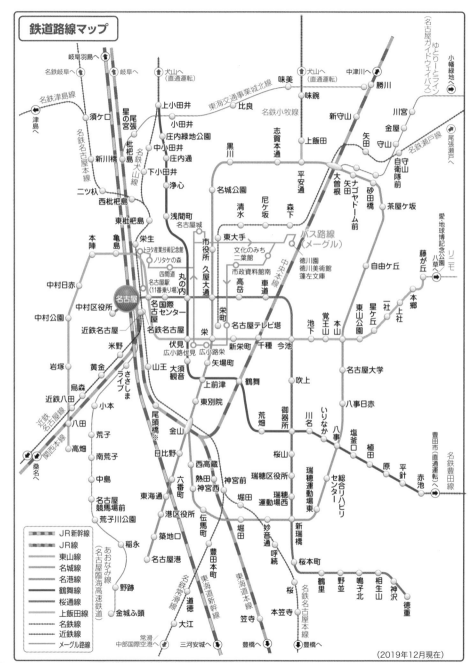

鉄道路線マップ

※尾頭橋駅には東海道本線の電車のみ停車します。

（2019年12月現在）

ひとり旅って、こんなに楽しい!
ソロタビ 名古屋

2020年2月15日　初版印刷
2020年3月1日　初版発行

編集人　平原聖子
発行人　今井敏行
発行所　JTBパブリッシング
印刷所　JTB印刷

企画・編集　　国内情報事業部
表紙デザイン　フラミンゴ・スタジオ
本文デザイン　BEAM
　　　　　　　K&Bパブリッシャーズ
　　　　　　　菅野友美　井竿真理子　相川裕一
取材執筆　　　K&Bパブリッシャーズ
　　　　　　　佐道眞左
　　　　　　　間貞麿
撮影・写真　　K&Bパブリッシャーズ
　　　　　　　PIXTA
　　　　　　　JTBパブリッシング
　　　　　　　関係各施設・市町村
モデル　　　　セントラルジャパン（北岡えれな）
イラスト　　　ヤマグチカヨ
地図　　　　　ゼンリン　ジェイマップ
　　　　　　　K&Bパブリッシャーズ

JTBパブリッシング
〒162-8446　東京都新宿区払方町25-5
編集:03-6888-7860
販売:03-6888-7893
https://jtbpublishing.co.jp/
©JTB Publishing 2020
Printed in Japan
193284　760610
ISBN　978-4-533-13966-6　C2026
禁無断転載・複製

おでかけ情報満載　https://rurubu.jp/andmore/

●本誌に掲載した地図の作成に当たっては、国土地理院長の承認を得て、同院発行の50万分1地方図、2万5千分1地形図及び電子地形図25000、数値地図50mメッシュ（標高）を使用した。（承認番号　平29情使、第444-1249号/平29情使、第445-657号）●本誌掲載のデータは2019年12月末日現在のものです。発行後に、料金、営業時間、定休日、メニュー等の営業内容が変更になることや、臨時休業等で利用できない場合があります。また、各種データを含めた掲載内容の正確性には万全を期しておりますが、おでかけの際には電話等で事前に確認・予約されることをお勧めいたします。なお、本誌に掲載された内容による損害等は、弊社では補償いたしかねますので、予めご了承くださいますようお願いいたします。●本誌掲載の料金は、原則として取材時点で確認した消費税込みの料金です。また、入園料などは、特記のないものは大人料金です。ただし各種料金は変更されることがありますので、ご利用の際はご注意ください。　●定休日は、原則として年末年始・お盆休み・ゴールデンウィーク・臨時休業を省略しています。●本誌掲載の利用時間は、特記以外原則として開店（館）〜閉店（館）です。ラストオーダーや入店（館）時間は通常閉店（館）時刻の30分〜1時間前ですのでご注意下さい。●本誌掲載の交通表記における所要時間はあくまでも目安ですのでご注意ください。また、公共交通機関の運賃は、ICカード乗車券をご利用の場合、一部のエリア・会社で運賃が異なる場合があります。●本誌掲載の温泉の泉質・効能は源泉のもので、個別の浴槽のものではありません。各施設からの回答をもとに原稿を作成しています。●本誌掲載の宿泊料金は、原則としてシングル・ツインは1室あたりの室料です。1泊2食、1泊朝食、素泊に関しては、1室1名で宿泊した場合の1名料金です。料金は取材時点での消費税率をもとに、諸税、サービス料込みで掲載しています。季節によって変動しますので、お気をつけください。